Bernd Wehren

Freiarbeitsmaterial

Abschreiben? Na klar!

Klasse 1/2

Buchstaben – Silben – Wörter – Satzteile – Sätze – Texte zum Abschreiben, Üben und Diktieren

Der Autor:

Bernd Wehren studierte von 1990 bis 1995 Lehramt in Münster mit den Fächern Deutsch, Mathe, Sachunterricht und Sport. Nach einem Referendariat in Bochum unterrichtete er an mehreren Grundschulen, seit 2000 an der Heinrich-Neuy-Grundschule in Steinfurt.
Ab 2006 sind zahlreiche Arbeitshefte, Kopiervorlagen, Unterrichtsmaterialien und Lernspiele für Grundschüler von Bernd Wehren erschienen.

Folgende Cornelsen-Titel sind von ihm bereits erschienen:

- Kleine Deutsch-Stars (Kita/Klasse 1)
- Kombitraining 2 in 1: Mit Bildergeschichten Texte verfassen und Rechtschreibung trainieren – Band 1 (Klasse 1/2)
- Kombitraining 2 in 1: Mit Bildergeschichten Texte verfassen und Rechtschreibung trainieren – Band 2 (Klasse 2/3)
- Kombitraining 2 in 1: Mit Bildergeschichten Texte verfassen und Rechtschreibung trainieren – Band 3 (Klasse 3/4)
- Die große Freiarbeits-Schatzkiste – Deutsch Klasse 1
- Die große Freiarbeits-Schatzkiste – Mathe Klasse 1
- Die große Freiarbeits-Schatzkiste – Deutsch Klasse 2
- Die große Freiarbeits-Schatzkiste – Mathe Klasse 2
- Die große Freiarbeits-Schatzkiste – Deutsch Klasse 3
- Die große Freiarbeits-Schatzkiste – Mathe Klasse 3
- Die große Freiarbeits-Schatzkiste – Deutsch Klasse 4
- Die große Freiarbeits-Schatzkiste – Mathe Klasse 4
- Die große SPIELE-Schatzkiste Deutsch 1/2
- Die große SPIELE-Schatzkiste Mathe 1/2
- Rechen-Rätsel bis 20 (Klasse 1/2)
- Rechen-Rätsel bis 100 (Klasse 2/3)
- Rechen-Rätsel bis 1000 (Klasse 3/4)
- Rechtschreib-Kreuzworträtsel Klasse 2–4
- Wörter-Suchrätsel von A bis Z Klasse 2–4
- Rechenmalblätter (Klasse 1/2)
- Lese- und Schreibmalblätter (Klasse 1/2)
- Abschreiben? Na klar! (Klasse 3/4)

Projektleitung: Maren Krüger, Berlin
Redaktion: Daniela Brunner, Korschenbroich
Umschlagkonzept/-gestaltung: Corinna Babylon, Berlin
Illustrationen Umschlag und Innenteil: Cornelsen/Thilo Pustlauk (Heft und Stift), Shutterstock.com/whitemomo (Kind)
Hintergrundstruktur Umschlag und Innenteil: Shutterstock.com/YamabikaY
Layout: krauß-verlagsservice, Wassertrüdingen
Technische Umsetzung: Reemers Publishing Services GmbH, Krefeld

www.cornelsen.de

1. Auflage 2023

Druck: H. Heenemann, Berlin

ISBN 978-3-589-16889-7

PEFC
PEFC/04-31-1156

PEFC zertifiziert
Dieses Produkt stammt aus nachhaltig bewirtschafteten Wäldern und kontrollierten Quellen.

www.pefc.de

Inhalt

Richtiges Schreiben lernt man durch Schreiben, vor allem durch Abschreiben.
Das Abschreiben eines Buchstabens, einer Silbe, eines Wortes, Satzteils, Satzes oder Textes ist ein komplexer Vorgang. Er umfasst das Lesen, Gliedern, Merken, Schreiben, Kontrollieren und Vergleichen mit der schriftlichen Vorlage und evtl. das Verbessern. Indem Kinder die grundlegende Arbeitstechnik des Abschreibens erlernen und anwenden, können sie ihre Rechtschreibkompetenz erweitern und verbessern (vgl. LP Deutsch).
Kinder in der 1. und 2. Klasse lernen das Schreiben und Lesen in einem individuellen Tempo, aber dennoch in einer bestimmten, aufeinander aufbauenden Reihenfolge: 1. Buchstaben, 2. Silben, 3. Wörter, 4. Satzteile, 5. Sätze und 6. Texte. Zu jeder dieser sechs Stufen gibt es ein Kapitel bzw. Übungsheft.

Liebe Eltern, Sie können Ihr Kind direkt in dem Buch das Abschreiben Kapitel für Kapitel passend zum Lernstand in der Grundschule oder zur Wiederholung, Auffrischung üben lassen.
Sie können die Seiten 5 und 6 sowie die Seiten 98 bis 109 aus dem Buch herausschneiden, damit Ihr Kind diese Seiten als Hilfe nutzen oder damit korrekt und sinnvoll arbeiten kann.
Bitte verabreden Sie mit Ihrem Kind, wann und wie lange „Abschreib-Zeit“ ist. Bitte zwingen Sie Ihr Kind nicht! Beginnen Sie z. B. mit dem Kapitel „Buchstaben abschreiben“ auf Seite 11 und lesen Sie Ihrem Kind die Aufgaben vor. Loben Sie Ihr Kind, wenn es eine Seite erledigt hat und malen Sie oder Ihr Kind dann einen Lachmund in den Smiley oben auf der Seite.
Auf den Seiten 7 bis 10 kann Ihr Kind ab der zweiten Klasse die Schreibschrift (VA, LA, SA oder GS) zu Kapitelbeginn üben: mit Bleistift die Schreibschrift nachspuren, schreiben, dann komplett ausradieren.

Liebe Lehrerinnen und Lehrer, Sie können die sechs Kapitel als einzelne Übungshefte für alle Schülerinnen und Schüler kopieren und passend zum Lernstand zur Wiederholung oder Auffrischung bearbeiten lassen. Kopieren Sie die für Ihre Schülerinnen und Schüler passende Schriftkarte von Seite 5 im Klassensatz, laminieren Sie diese und geben Sie jedem Kind eine Schriftkarte, die im Etui aufbewahrt wird.
Die Abschreibtechniken von Seite 6 kopieren Sie auf DIN A3, dann auf DIN A2 oder sogar auf DIN A1 und hängen das 2- oder 4-teilige Poster im Klassenraum als Hilfe auf. Die sechs im Klassensatz und doppelseitig kopierten Abschreib-Übungshefte setzen Sie nacheinander ein.
Es ist sinnvoll, mit der gesamten Klasse feste Abschreib-Übungszeiten festzulegen, z. B. Montag, Mittwoch, Freitag zu Unterrichtsbeginn/-ende jeweils 15 Minuten. Ist ein Kind mit einer Seite fertig, kommt es zu Ihnen. Sie kontrollieren, markieren evtl. Fehler, das Kind verbessert, kommt wieder zu Ihnen und Sie loben es für die vollständig korrekte Seite und malen einen Lachmund oben links in den Smiley. Jedes Kind arbeitet im eigenen Tempo: Also werden im Laufe der Zeit langsamere Kinder noch im „Buchstaben abschreiben-Übungsheft“ arbeiten, während schnellere Kinder bereits im „Silben abschreiben-Übungsheft“ oder sogar im „Wörter abschreiben-Übungsheft“ schreiben. Nutzen Sie bitte ausschließlich positive Verstärkung (Lob, Smiley, anlächeln, applaudieren …), damit jedes Kind das Abschreiben motiviert weiterübt.
Das Grundwortschatz-Abschreib-Training (S. 98–109) können Sie anschließend für besonders motivierte und leistungsstärkere Schülerinnen und Schüler seitenweise kopieren und bearbeiten lassen.
Sie können das Material auch im Förderunterricht, in der Frei-/Wochenplanarbeit einsetzen oder gezielt einzelnen Kindern geben (Stichwort: Differenzierung und Individualisierung).

Egal, ob Sie Eltern oder Lehrpersonen sind, nennen Sie die Arbeitszeit z. B. „Abschreib-Stille-Zeit“. So wird den Kindern bewusst, dass sie sich nun gut konzentrieren und leise arbeiten sollen. Es ist sinnvoll, das 1., 2., 3. und 4. Kapitel bzw. Übungsheft im 1. Schuljahr und das 5. und 6. Kapitel bzw. Übungsheft sowie evtl. das Grundwortschatz-Abschreib-Training (S. 98–109) im 2. Schuljahr von den Kindern bearbeiten zu lassen. Zuletzt belohnen Sie Ihr Kind bzw. alle Ihre Schülerinnen und Schüler mit einer schönen Urkunde (S. 112).

Viel Spaß und Erfolg mit „Abschreiben? Na klar!“ wünscht

Bernd Wehren

(Tipp: B. Wehren: Abschreiben? Na klar! Klasse 3/4. Berlin: Cornelsen 2023)

Bitte kopieren und laminieren Sie für jedes Kind die passende Karte zur Aufbewahrung im Etui.

Druckschrift und Vereinfachte Ausgangsschrift

Aa Bb Cc Dd Ee Ff Gg Hh Ii Jj Kk Ll Mm Nn Oo

Pp Qq Rr Ss Tt Uu Vv Ww Xx Yy Zz Ää Öö Üü ß

Aa Bb Cc Dd Ee Ff Gg Hh Ii Jj Kk Ll Mm Nn Oo

Pp Qq Rr Ss Tt Uu Vv Ww Xx Yy Zz Ää Öö Üü ß

Druckschrift und Lateinische Ausgangsschrift

Aa Bb Cc Dd Ee Ff Gg Hh Ii Jj Kk Ll Mm Nn Oo

Pp Qq Rr Ss Tt Uu Vv Ww Xx Yy Zz Ää Öö Üü ß

Aa Bb Cc Dd Ee Ff Gg Hh Ii Jj Kk Ll Mm Nn Oo

Pp Qq Rr Ss Tt Uu Vv Ww Xx Yy Zz Ää Öö Üü ß

Druckschrift und Schulausgangsschrift

Aa Bb Cc Dd Ee Ff Gg Hh Ii Jj Kk Ll Mm Nn Oo

Pp Qq Rr Ss Tt Uu Vv Ww Xx Yy Zz Ää Öö Üü ß

Aa Bb Cc Dd Ee Ff Gg Hh Ii Jj Kk Ll Mm Nn Oo

Pp Qq Rr Ss Tt Uu Vv Ww Xx Yy Zz Ää Öö Üü ß

Druckschrift und Grundschrift

Aa Bb Cc Dd Ee Ff Gg Hh Ii Jj Kk Ll Mm Nn Oo

Pp Qq Rr Ss Tt Uu Vv Ww Xx Yy Zz Ää Öö Üü ß

Aa Bb Cc Dd Ee Ff Gg Hh Ii Jj Kk Ll Mm Nn Oo

Pp Qq Rr Ss Tt Uu Vv Ww Xx Yy Zz Ää Öö Üü ß

B. Wehren – Abschreiben? Na klar! Klasse 1/2 – Illustrationen: Thilo Pustlauk (Schreibheft)

(1) Lies leise Buchstaben, Silben, Wörter, Satzteile oder Sätze, die du dir merken kannst.

(2) Markiere besondere Buchstabenelemente oder schwierige Stellen in Wörtern.

(3) Lege eine Hand auf Buchstabe, Silbe, Wort usw. Schreibe auswendig auf und sprich leise mit.

(4) Nimm die Hand weg und vergleiche. Verbessere, falls es nötig ist.

B. Wehren – Abschreiben? Na klar! Klasse 1/2 – Illustrationen: Liliane Oser, außer: Schreibheft: Thilo Pustlauk

Schreibschrift-Vorübung – Vereinfachte Ausgangsschrift (VA)

Buchstaben in Schreibschrift nachspuren und darunter in Lineatur schreiben.

Aa Ee Ii Oo Uu Ää Öö Üü

Bb Cc Dd Ff Gg Hh Jj Kk

Ll Mm Nn Pp Qq Rr Ss Tt

Vv Ww Xx Yy Zz Au au Ei ei Eu eu

Sch sch Ch ch Sp sp St st Pf pf ß

Aa Ee Ii Oo Uu Ää Öö Üü

Bb Cc Dd Ff Gg Hh Jj Kk

Ll Mm Nn Pp Qq Rr Ss Tt

Vv Ww Xx Yy Zz Au au Ei ei Eu eu

Sch sch Ch ch Sp sp St st Pf pf ß

B. Wehren – Abschreiben? Na klar! Klasse 1/2 – Illustrationen: Liliane Oser, außer: Schreibheft: Thilo Pustlauk

Schreibschrift-Vorübung – Lateinische Ausgangsschrift (LA)

Buchstaben in Schreibschrift nachspuren und darunter in Lineatur schreiben.

Aa Ee Ii Oo Uu Ää Öö Üü

Bb Cc Dd Ff Gg Hh Jj Kk

Ll Mm Nn Pp Qq Rr Ss Tt

Vv Ww Xx Yy Zz Au au Ei ei Eu eu

Sch sch Ch ch Sp sp St st Pf pf ß

Aa Ee Ii Oo Uu Ää Öö Üü

Bb Cc Dd Ff Gg Hh Jj Kk

Ll Mm Nn Pp Qq Rr Ss Tt

Vv Ww Xx Yy Zz Au au Ei ei Eu eu

Sch sch Ch ch Sp sp St st Pf pf ß

B. Wehren – Abschreiben? Na klar! Klasse 1/2 – Illustrationen: Liliane Oser, außer: Schreibheft: Thilo Pustlouk

Schreibschrift-Vorübung – Schulausgangsschrift (SAS)

Buchstaben in Schreibschrift nachspuren und darunter in Lineatur schreiben.

A a E e I i O o U u Ä ä Ö ö Ü ü

B b C c D d F f G g H h J j K k

L l M m N n P p Q q R r S s T t

V v W w X x Y y Z z Au au Ei ei Eu eu

Sch sch Ch ch Sp sp St st Pf pf ß

A a E e I i O o U u Ä ä Ö ö Ü ü

B b C c D d F f G g H h J j K k

L l M m N n P p Q q R r S s T t

V v W w X x Y y Z z Au au Ei ei Eu eu

Sch sch Ch ch Sp sp St st Pf pf ß

B. Wehren – Abschreiben? Na klar! Klasse 1/2 – Illustrationen: Liliane Oser, außer: Schreibheft: Thilo Pustlauk

Schreibschrift-Vorübung – Grundschrift (GS)

Buchstaben in Schreibschrift nachspuren und darunter in Lineatur schreiben.

Aa Ee Ii Oo Uu Ää Öö Üü

Bb Cc Dd Ff Gg Hh Jj Kk

Ll Mm Nn Pp Qq Rr Ss Tt

Vv Ww Xx Yy Zz Au au Ei ei Eu eu

Sch sch Ch ch Sp sp St st Pf pf ß

Aa Ee Ii Oo Uu Ää Öö Üü

Bb Cc Dd Ff Gg Hh Jj Kk

Ll Mm Nn Pp Qq Rr Ss Tt

Vv Ww Xx Yy Zz Au au Ei ei Eu eu

Sch sch Ch ch Sp sp St st Pf pf ß

Buchstaben abschreiben

Name: ______________________________

Klasse: __________

1. Spure die Groß- und Kleinbuchstaben in den grauen Kästchen oder in der Lineatur mehrfach mit Bleistift und Buntstiften nach. Achte dabei auf die Schreibrichtung.

2. Schreibe die Groß- und Kleinbuchstaben mehrfach und in verschiedenen Größen und mit verschiedenen Stiften in die weißen Kästchen oder in gleicher Größe neben die passenden Anlautbilder in die Lineatur.

3. Schreibe alle Groß- und Kleinbuchstaben noch einmal unten in die Lineatur und mehrfach auf das Lineaturblatt (S. 29).

Tipp für Lehrerinnen und Lehrer: Kopieren Sie auch S. 12–23 verkleinert im DIN-A5-Format. Kopieren Sie je zwei dieser verkleinerten DIN-A5-Seiten dann auf eine DIN-A4-Seite und heften Sie diese sechs so kopierten DIN-A4-Seiten hinter die 13 Kopien (S. 11–23). Kopieren Sie dann S. 24–29 und legen Sie diese nach hinten. Kopieren Sie nun dieses Heft für alle Schülerinnen und Schüler.

B. Wehren – Abschreiben? Na klar! Klasse 1/2 – Illustrationen: Liliane Oser, außer: Schreibheft: Thilo Pustlauk

Buchstaben in richtiger Schreibrichtung mehrfach links nachspuren, dann rechts abschreiben und zuletzt auf Lineaturblätter schreiben.

 A a	A a A A a 
 I i	
 U u	
 E e	
 O o	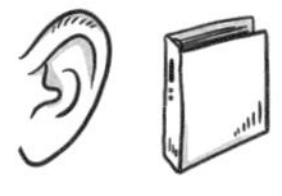
 L l	

B. Wehren – Abschreiben? Na klar! Klasse 1/2 – Illustrationen: Anna-Lena Kühler, außer: Schreibheft: Thilo Pustlauk; Smiley: Liliane Oser

Buchstaben in richtiger Schreibrichtung mehrfach links nachspuren, dann rechts abschreiben und zuletzt auf Lineaturblätter schreiben.

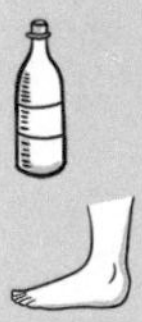 F f	F f F F f 
 T t	
 R r	
 N n	
 S s	
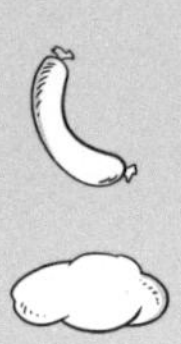 W w	

Buchstaben abschreiben (3)

Buchstaben in richtiger Schreibrichtung mehrfach links nachspuren, dann rechts abschreiben und zuletzt auf Lineaturblätter schreiben.

M m	M m M m
H h	
K k	
B b	
D d	
Z z	

B. Wehren – Abschreiben? Na klar! Klasse 1/2 – Illustrationen: Anna-Lena Kühler, außer: Schreibheft: Thilo Pustlauk; Smiley: Liliane Oser

Buchstaben in richtiger Schreibrichtung mehrfach links nachspuren, dann rechts abschreiben und zuletzt auf Lineaturblätter schreiben.

 C c	C c C c 
 V v	
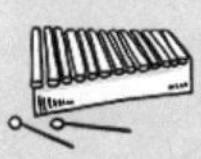 X x	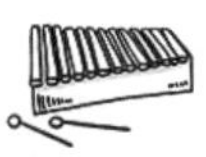
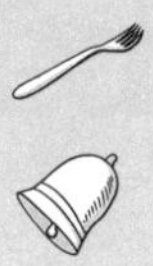 G g	
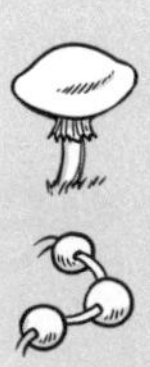 P p	
 J j	

B. Wehren – Abschreiben? Na klar! Klasse 1/2 – Illustrationen: Anna-Lena Kühler, außer: Schreibheft: Thilo Pustlauk; Smiley: Liliane Oser

Buchstaben in richtiger Schreibrichtung mehrfach links nachspuren, dann rechts abschreiben und zuletzt auf Lineaturblätter schreiben.

 Ä ä	Ä ä Ä ä 
 Ö ö	
 Ü ü	
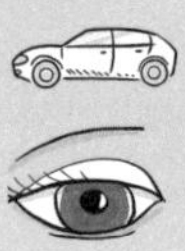 Au au	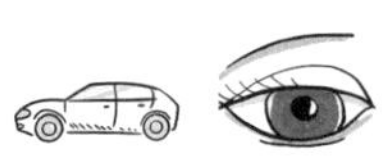
 Ei ei	
 Eu eu	

B. Wehren – Abschreiben? Na klar! Klasse 1/2 – Illustrationen: Anna-Lena Kühler, außer: Schreibheft: Thilo Pustlauk; Smiley, Auge, Eis, Kuh: Liliane Oser

Buchstaben abschreiben (6)

Buchstaben in richtiger Schreibrichtung mehrfach links nachspuren, dann rechts abschreiben und zuletzt auf Lineaturblätter schreiben.

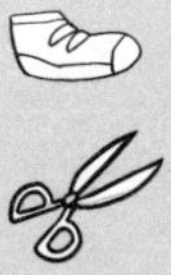 Sch sch	→ Sch 
 Ch ch	
 Pf pf	
 St st	
 Sp sp	
 Qu qu	
 Y y	

Buchstaben abschreiben (7)

Buchstaben mehrfach oben nachspuren, unten den richtigen Anlautbildern zuordnen und abschreiben, zuletzt auf Lineaturblätter schreiben.

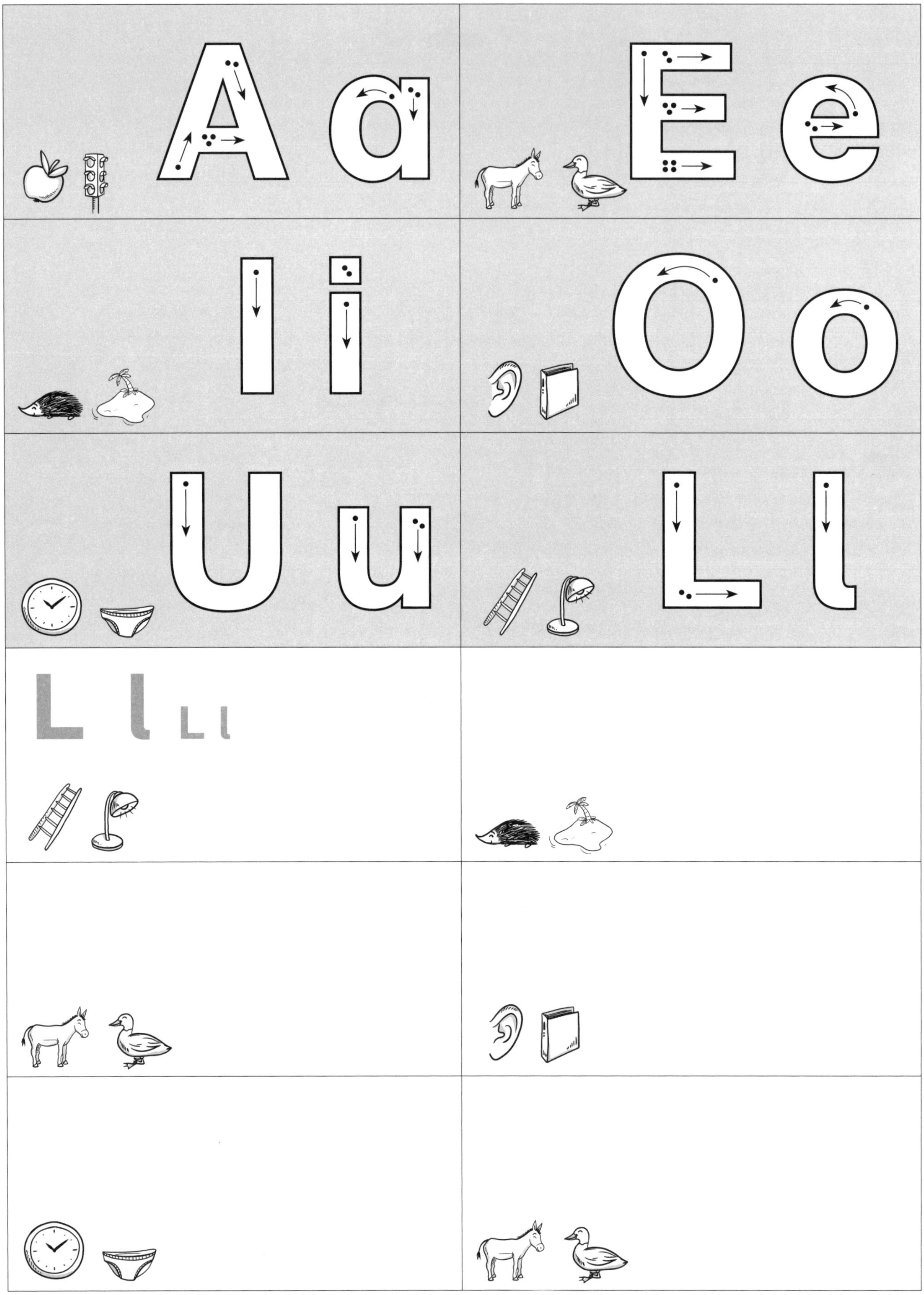

B. Wehren – Abschreiben? Na klar! Klasse 1/2 – Illustrationen: Anna-Lena Kühler, außer: Schreibheft: Thilo Pustlauk; Smiley: Liliane Oser

Buchstaben mehrfach oben nachspuren, unten den richtigen Anlautbildern zuordnen und abschreiben, zuletzt auf Lineaturblätter schreiben.

F f

N n

T t

S s

R r

W w

N n

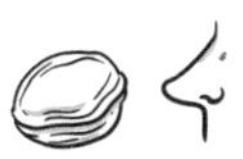

Buchstaben mehrfach oben nachspuren, unten den richtigen Anlautbildern zuordnen und abschreiben, zuletzt auf Lineaturblätter schreiben.

 M m	 B b
 H h	 D d
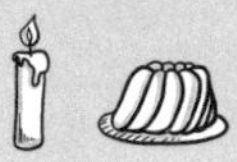 K k	 Z z
B b 	

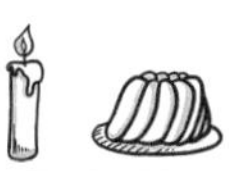	

B. Wehren – Abschreiben? Na klar! Klasse 1/2 – Illustrationen: Anna-Lena Kühler, außer: Schreibheft: Thilo Pustlauk; Smiley: Liliane Oser

Buchstaben abschreiben (10)

Buchstaben mehrfach oben nachspuren, unten den richtigen Anlautbildern zuordnen und abschreiben, zuletzt auf Lineaturblätter schreiben.

C c

G g

V v

P p

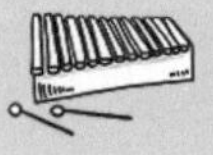

X x

J j

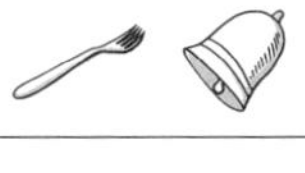

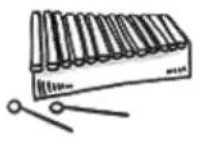

Buchstaben abschreiben (11)

Buchstaben mehrfach oben nachspuren, unten den richtigen Anlautbildern zuordnen und abschreiben, zuletzt auf Lineaturblätter schreiben.

B. Wehren – Abschreiben? Na klar! Klasse 1/2 – Illustrationen: Anna-Lena Kühler, außer: Schreibheft: Thilo Pustlauk; Smiley, Auge, Eis, Kuh: Liliane Oser

Buchstaben mehrfach oben nachspuren, unten den richtigen Anlautbildern zuordnen und abschreiben, zuletzt auf Lineaturblätter schreiben.

Sch sch 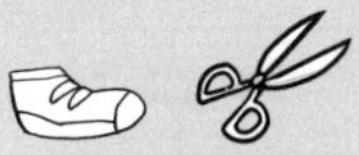	St st 
Ch ch 	Sp sp 
Pf pf 	Qu qu 

Buchstaben oben nachspuren und daneben schreiben, in der Mitte neben die richtigen Anlautbilder schreiben, unten alle Buchstaben schreiben.

AaA

Ee

Ii

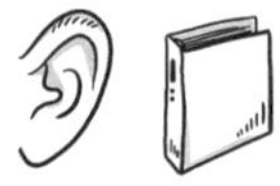
Oo

Uu

Ll

Ff

Mm

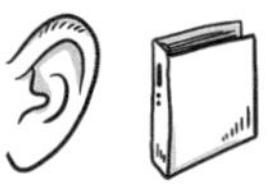

Aa Ii Uu Ff

Ee Oo Ll Mm

B. Wehren – Abschreiben? Na klar! Klasse 1/2 – Illustrationen: Anna-Lena Kühler, außer: Schreibheft: Thilo Pustlauk; Smiley: Liliane Oser

Buchstaben abschreiben (14)

Buchstaben oben nachspuren und daneben schreiben, in der Mitte neben die richtigen Anlautbilder schreiben, unten alle Buchstaben schreiben.

Nn

Rr

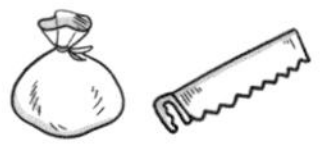

Ss

Tt

Ww

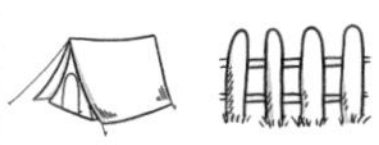

Zz

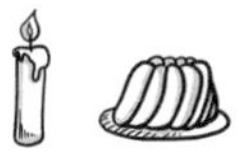

Kk

Bb

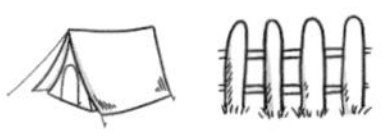

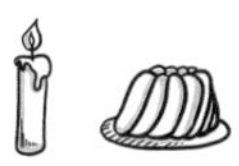

Nn Ss Ww Kk

Rr Tt Zz Bb

B. Wehren – Abschreiben? Na klar! Klasse 1/2 – Illustrationen: Anna-Lena Kühler, außer: Schreibheft: Thilo Pustlauk; Smiley: Liliane Oser

Buchstaben abschreiben (15)

Buchstaben oben nachspuren und daneben schreiben, in der Mitte neben die richtigen Anlautbilder schreiben, unten alle Buchstaben schreiben.

Dd

Hh

Vv

Bb

Cc

Ää

Öö

Üü

Dd Vv Cc Öö

Hh Bb Ää Üü

B. Wehren – Abschreiben? Na klar! Klasse 1/2 – Illustrationen: Anna-Lena Kühler, außer: Schreibheft: Thilo Pustlauk; Smiley: Liliane Oser

Buchstaben oben nachspuren und daneben schreiben, in der Mitte neben die richtigen Anlautbilder schreiben, unten alle Buchstaben schreiben.

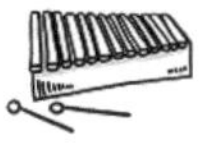
Xx

Sp sp

Gg

Jj

Pp

St st

Yy

Qu qu

Xx Gg Pp Yy

Sp sp Jj

St st Qu qu

B. Wehren – Abschreiben? Na klar! Klasse 1/2 – Illustrationen: Anna-Lena Kühler, außer: Schreibheft: Thilo Pustlauk; Smiley, Spiegel: Liliane Oser

Buchstaben abschreiben (17)

Buchstaben oben nachspuren und daneben schreiben, in der Mitte neben die richtigen Anlautbilder schreiben, unten alle Buchstaben schreiben.

Sch sch

Ch ch

Pf pf

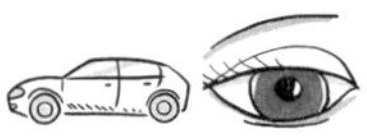

Au au

Eu eu

Ei ei

Sch sch Ch ch

Au au Ei ei

Pf pf Eu eu

B. Wehren – Abschreiben? Na klar! Klasse 1/2 – Illustrationen: Liliane Oser, außer: Schreibheft: Thilo Pustlauk; Schere, Auto, Eule, Ei: Anna-Lena Kühler

Lineaturblatt

Die Kinder schreiben die Buchstaben von S. 12–28 Seite für Seite auf dieses Lineaturblatt und kontrollieren, ob sie richtig abgeschrieben haben.

Silben abschreiben

Name: ____

Klasse: ____________

1. Spure die hellgrauen Silben mit Bleistift nach und schreibe sie dann in die Lineatur darunter.

2. Bilde aus vier schwarzen Silben zwei Wörter und schreibe sie neben die passenden Bilder in die Lineatur.

3. Schreibe die Silben oder Wörter auf das Lineaturblatt (S. 45).

B. Wehren – Abschreiben? Na klar! Klasse 1/2 – Illustrationen: Liliane Oser, außer: Schreibheft: Thilo Pustlauk

Silben nachspuren, darunter in Lineatur schreiben, dann aus Silben Wörter bilden, neben die richtigen Bilder schreiben, zuletzt Wörter auf Lineaturblätter schreiben.

So fa Na se In sel Es el

Ta fel Ka mel Ha se En te

fa Na  Sofa

se So  Na

fel In 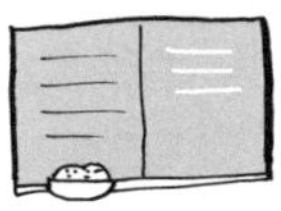

Ta sel 

Es Ha 

el se 

te En 

mel Ka 

Silben abschreiben (2)

Silben nachspuren, darunter in Lineatur schreiben, dann aus Silben Wörter bilden, neben die richtigen Bilder schreiben, zuletzt Wörter auf Lineaturblätter schreiben.

Ro se Fa den Na del Sa lat

Ze bra La ma Man tel Ki wi

Fa se  Faden

Ro den 

del bra 

Ze Na 

wi Man 

tel Ki 

La Sa 

ma lat 

B. Wehren – Abschreiben? Na klar! Klasse 1/2 – Illustrationen: Liliane Oser, außer: Schreibheft: Thilo Pustlauk; Faden, Nadel, Mantel: Anna-Lena Kühler

Silben abschreiben (3)

Silben nachspuren, darunter in Lineatur schreiben, dann aus Silben Wörter bilden, neben die richtigen Bilder schreiben, zuletzt Wörter auf Lineaturblätter schreiben.

Nu deln Sche re Zel te Lei ter

Sei fe Ra sen Wol ke Fe der

te Zel 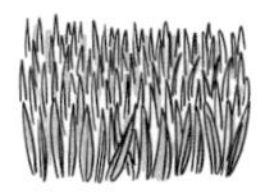 Ra

sen Ra 

Sche der 

re Fe 

Nu ter 

deln Lei 

ke fe 

Sei Wol 

Silben abschreiben (4)

Silben nachspuren, darunter in Lineatur schreiben, dann aus Silben Wörter bilden, neben die richtigen Bilder schreiben, zuletzt Wörter auf Lineaturblätter schreiben.

Li mo Fi sche Ne bel Rei fen

Mu schel Win ter Schu he Tu be

sche Fi 

ter Win 

he Li 

Schu mo 

Ne schel 

bel Mu 

Rei be 

Tu fen 

B. Wehren – Abschreiben? Na klar! Klasse 1/2 – Illustrationen: Liliane Oser, außer: Schreibheft: Thilo Pustlauk; Tube, Auto: Anna-Lena Kühler

Silben nachspuren, darunter in Lineatur schreiben, dann aus Silben Wörter bilden, neben die richtigen Bilder schreiben, zuletzt Wörter auf Lineaturblätter schreiben.

Pin sel Stei ne Tau be Be sen

Do se Kak tus Ga bel Fla sche

se Do 

sche Fla 

bel Kak 

tus Ga 

sel Pin 

ne Stei 

sen be 

Tau Be 

B. Wehren – Abschreiben? Na klar! Klasse 1/2 – Illustrationen: Anna-Lena Kühler, außer: Schreibheft: Thilo Pustlauk; Smiley, Besen: Liliane Oser

Silben abschreiben (6)

Silben nachspuren, darunter in Lineatur schreiben, dann aus Silben Wörter bilden, neben die richtigen Bilder schreiben, zuletzt Wörter auf Lineaturblätter schreiben.

Fo to Du sche Re he Scha fe

Hef te Bir ne Ker ze Po kal

he Re 

fe Scha 

to sche 

Du Fo 

Bir Ker 

ze ne 

kal te 

Po Hef 

B. Wehren – Abschreiben? Na klar! Klasse 1/2 – Illustrationen: Liliane Oser, außer: Schreibheft: Thilo Pustlauk; Foto, Kerze: Anna-Lena Kühler

Silben nachspuren, darunter in Lineatur schreiben, dann aus Silben Wörter bilden, neben die richtigen Bilder schreiben, zuletzt Wörter auf Lineaturblätter schreiben.

Ster ne He xe Au to Kin der

Blu me Di no Pi rat Ta sche

Ta rat 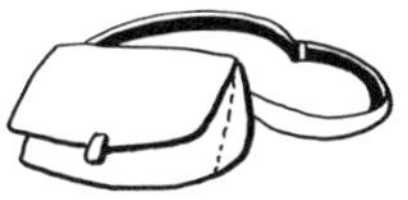

sche Pi 

der to 

Au Kind 

He Ster 

xe ne 

no Di 

me Blu 

B. Wehren – Abschreiben? Na klar! Klasse 1/2 – Illustrationen: Liliane Oser, außer: Schreibheft: Thilo Pustlauk; Auto, Stern, Dino: Anna-Lena Kühler

Silben abschreiben (8)

Silben nachspuren, darunter in Lineatur schreiben, dann aus Silben Wörter bilden, neben die richtigen Bilder schreiben, zuletzt Wörter auf Lineaturblätter schreiben.

Del fin To re Ei mer Pa ket

Trak tor Bro te Kro ne Gur ke

Bro Kro 

ne te 

Trak ket 

tor Pa 

ke Ei 

Gur mer 

fin Del 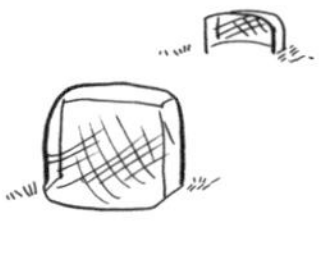

re To 

B. Wehren – Abschreiben? Na klar! Klasse 1/2 – Illustrationen: Liliane Oser, außer: Schreibheft: Thilo Pustlauk; Paket: Anna-Lena Kühler; Eimer: Dorina Tessmann

Silben nachspuren, darunter in Lineatur schreiben, dann aus Silben Wörter bilden, neben die richtigen Bilder schreiben, zuletzt Wörter auf Lineaturblätter schreiben.

Ku chen Eu le Pal me Beu tel

Kis te Pil ze Dra che Gar ten

Ku Beu 

tel chen 

ten Gar 

le Eu 

che Pil 

ze Dra 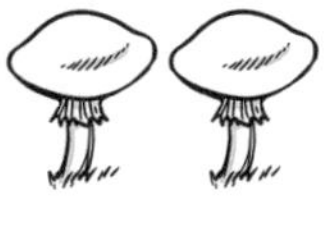

Pal Kis 

me te 

B. Wehren – Abschreiben? Na klar! Klasse 1/2 – Illustrationen: Liliane Oser, außer: Schreibheft: Thilo Pustlauk; Kuchen, Eule, Pilz: Anna-Lena Kühler

Silben nachspuren, darunter in Lineatur schreiben, dann aus Silben Wörter bilden, neben die richtigen Bilder schreiben, zuletzt Wörter auf Lineaturblätter schreiben.

Tü te Bäu me Kä fer Lö we

Gür tel Mäu se Wöl fe Flö te

Lö Tü 

we te 

te Flö 

me Bäu 

se Wöl 

Mäu fe 

tel fer 

Gür Kä 

B. Wehren – Abschreiben? Na klar! Klasse 1/2 – Illustrationen: Liliane Oser, außer: Schreibheft: Thilo Pustlauk; Gürtel: Anna-Lena Kühler

Silben nachspuren, darunter in Lineatur schreiben, dann aus Silben Wörter bilden, neben die richtigen Bilder schreiben, zuletzt Wörter auf Lineaturblätter schreiben.

Pfer de Bü cher Kä se Wür fel

Pfei fe Jä ger Tü ren Vö gel

Wür Vö

fel gel

cher Kä

se Bü

ger de

Pfer Jä

fe Pfei

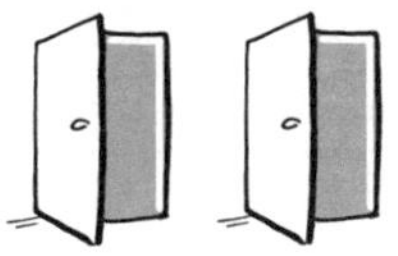

ren Tü

B. Wehren – Abschreiben? Na klar! Klasse 1/2 – Illustrationen: Liliane Oser, außer: Schreibheft: Thilo Pustlauk; Würfel, Vogel: Anna-Lena Kühler

Silben nachspuren, darunter in Lineatur schreiben, dann aus Silben Wörter bilden, neben die richtigen Bilder schreiben, zuletzt Wörter auf Lineaturblätter schreiben.

Ku chen Per len Wes pe Er de

Zun ge Lam pe Stif te Re gen

de Er 

chen Ku 

pe Per 

Wes len 

ge Zun 

pe Lam 

te gen 

Re Stif 

B. Wehren – Abschreiben? Na klar! Klasse 1/2 – Illustrationen: Liliane Oser, außer: Schreibheft: Thilo Pustlauk; Kuchen, Perlen, Lampe: Anna-Lena Kühler

Silben nachspuren, darunter in Lineatur schreiben, dann aus Silben Wörter bilden, neben die richtigen Bilder schreiben, zuletzt Wörter auf Lineaturblätter schreiben.

Zan ge Hu pe Re gal Jo gurt

Rau pe Wa gen Am pel Ku gel

Zan Wa 

ge gen 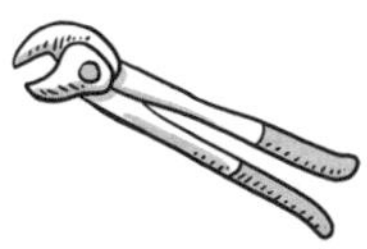

pe Re 

Hu gal 

gurt Ku 

Jo gel 

pel pe 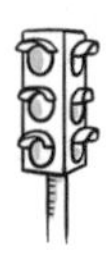

Am Rau 

B. Wehren – Abschreiben? Na klar! Klasse 1/2 – Illustrationen: Anna-Lena Kühler, außer: Schreibheft: Thilo Pustlauk; Smiley, Kugel, Raupe: Liliane Oser

Silben nachspuren, darunter in Lineatur schreiben, dann aus Silben Wörter bilden, neben die richtigen Bilder schreiben, zuletzt Wörter auf Lineaturblätter schreiben.

An gel Gei ge Ap fel Schu le

Lu pe Au gen Pfei le Kü he

fel Schu 

le Ap 

An Gei 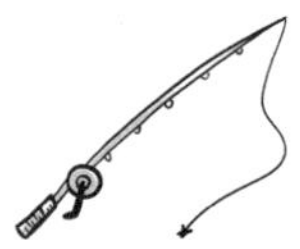

ge gel 

gen Lu 

Au pe 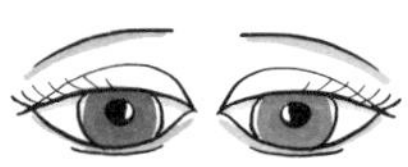

le Kü 

he Pfei 

B. Wehren – Abschreiben? Na klar! Klasse 1/2 – Illustrationen: Liliane Oser, außer: Schreibheft: Thilo Pustlauk; Apfel, Angel, Lupe: Anna-Lena Kühler

Lineaturblatt

Die Kinder schreiben die Silben oder Wörter von S. 31–44 Seite für Seite auf dieses Lineaturblatt und kontrollieren, ob sie richtig abgeschrieben haben.

Wörter abschreiben

Name: ____________________

Klasse: __________

1. Lies die Purzelwörter und schreibe sie richtig in die Lineatur.

2. Schreibe die zwölf Wörter neben die passenden zwölf Bilder in die Lineatur.

3. Schreibe die zwölf Wörter in die kleineren Schreibzeilen.

4. Schreibe alle Wörter auf die Lineaturblätter (S. 57–58).

B. Wehren – Abschreiben? Na klar! Klasse 1/2 – Illustrationen: Liliane Oser, außer: Schreibheft: Thilo Pustlauk

Wörter abschreiben (1)

Purzelwörter lesen und richtig in die Lineatur schreiben, dann neben die richtigen Bilder und in die beiden Schreibzeilen schreiben. Zuletzt die Wörter auf Lineaturblätter schreiben.

mOa isE Oap tuH

foU sAt alW Bsu

rAm oP iE Lko

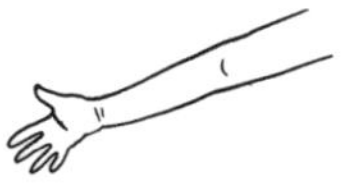

B. Wehren – Abschreiben? Na klar! Klasse 1/2 – Illustrationen: Liliane Oser, außer: Schreibheft: Thilo Pustlauk; Ast, Ei, Opa, Po, Oma: Anna-Lena Kühler

Wörter abschreiben (2)

Purzelwörter lesen und richtig in die Lineatur schreiben, dann neben die richtigen Bilder und in die beiden Schreibzeilen schreiben. Zuletzt die Wörter auf Lineaturblätter schreiben.

faSo seaN lnles lefTa

Heas elEs teEn melKa

seoR denFa Naled braZe

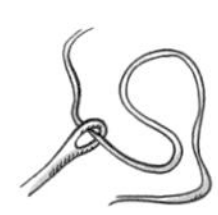

B. Wehren – Abschreiben? Na klar! Klasse 1/2 – Illustrationen: Liliane Oser, außer: Schreibheft: Thilo Pustlauk; Nase, Ente, Nadel, Insel, Esel, Faden: Anna-Lena Kühler

Wörter abschreiben (3)

Purzelwörter lesen und richtig in die Lineatur schreiben, dann neben die richtigen Bilder und in die beiden Schreibzeilen schreiben. Zuletzt die Wörter auf Lineaturblätter schreiben.

maLa telMan talSa wiKi

redFe ledNu tleZ retLei

efSei senaR loWke reSche

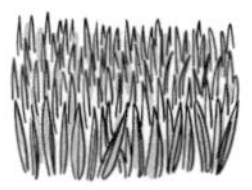

B. Wehren – Abschreiben? Na klar! Klasse 1/2 – Illustrationen: Liliane Oser, außer: Schreibheft: Thilo Pustlauk; Zelt, Mantel, Rasen, Leiter, Schere: Anna-Lena Kühler

Wörter abschreiben (4)

Purzelwörter lesen und richtig in die Lineatur schreiben, dann neben die richtigen Bilder und in die beiden Schreibzeilen schreiben. Zuletzt die Wörter auf Lineaturblätter schreiben.

seDo tusKak lebGa selniP

otoF Duesch heRe fScha

Hefet nriBe zeKer lakPo

B. Wehren – Abschreiben? Na klar! Klasse 1/2 – Illustrationen: Liliane Oser, außer: Schreibheft: Thilo Pustlauk; Foto, Dose, Kaktus, Gabel, Pinsel, Kerze: Anna-Lena Kühler

Purzelwörter lesen und richtig in die Lineatur schreiben, dann neben die richtigen Bilder und in die beiden Schreibzeilen schreiben. Zuletzt die Wörter auf Lineaturblätter schreiben.

neSter exHe scheTa meBlu

Doni redKin ratiP merEi

Delnif etStif etorB rotTrak

B. Wehren – Abschreiben? Na klar! Klasse 1/2 – Illustrationen: Liliane Oser, außer: Schreibheft: Thilo Pustlauk; Dino, Sterne: Anna-Lena Kühler; Eimer: Dorina Tessmann

Wörter abschreiben (6)

Purzelwörter lesen und richtig in die Lineatur schreiben, dann neben die richtigen Bilder und in die beiden Schreibzeilen schreiben. Zuletzt die Wörter auf Lineaturblätter schreiben.

neKro tekaP Gurek otAu

chenKu leEu emPal leteuB

steKi liPze cheDra tenGar

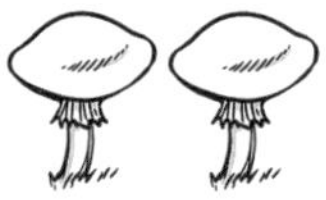

B. Wehren – Abschreiben? Na klar! Klasse 1/2 – Illustrationen: Liliane Oser, außer: Schreibheft: Thilo Pustlauk; Kuchen, Eule, Paket, Auto, Pilz: Anna-Lena Kühler

Wörter abschreiben (7)

Purzelwörter lesen und richtig in die Lineatur schreiben, dann neben die richtigen Bilder und in die beiden Schreibzeilen schreiben. Zuletzt die Wörter auf Lineaturblätter schreiben.

teTü emBäu Käref telGür

ewLö seMäu eflöW teölF

dePfer cherBü äKse lefWür

Wörter abschreiben (8)

Purzelwörter lesen und richtig in die Lineatur schreiben, dann neben die richtigen Bilder und in die beiden Schreibzeilen schreiben. Zuletzt die Wörter auf Lineaturblätter schreiben.

fePfei regJä rüT gelVö

leguK lenPer speWe legI

geZun epLam roT genRe

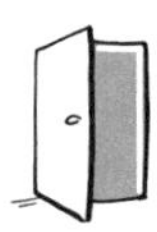

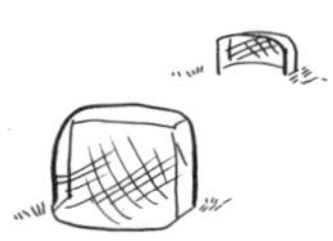

B. Wehren – Abschreiben? Na klar! Klasse 1/2 – Illustrationen: Liliane Oser, außer: Schreibheft: Thilo Pustlauk; Perlen, Vogel, Igel, Lampe: Anna-Lena Kühler

Purzelwörter lesen und richtig in die Lineatur schreiben, dann neben die richtigen Bilder und in die beiden Schreibzeilen schreiben. Zuletzt die Wörter auf Lineaturblätter schreiben.

geZan legeK galRe negWa

lepAm Jotrug geGei leApf

epuL egAu lePfei uSchel

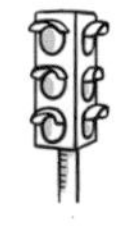

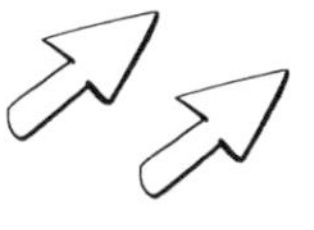

B. Wehren – Abschreiben? Na klar! Klasse 1/2 – Illustrationen: Anna-Lena Kühler, außer: Schreibheft: Thilo Pustlauk; Smiley, Geige, Auge, Pfeil, Schule: Liliane Oser

Purzelwörter lesen und richtig in die Lineatur schreiben, dann neben die richtigen Bilder und in die beiden Schreibzeilen schreiben. Zuletzt die Wörter auf Lineaturblätter schreiben.

ankB neiB orEu retFens

salG sauH Zitnero hornNas

räB neloMe deHun lieS

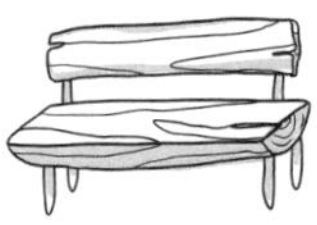

B. Wehren – Abschreiben? Na klar! Klasse 1/2 – Illustrationen: Liliane Oser, außer: Schreibheft: Thilo Pustlauk; Bank, Haus: Anna-Lena Kühler

Lineaturblatt

Die Kinder schreiben die Wörter von S. 47–56 Seite für Seite auf dieses Lineaturblatt und kontrollieren, ob sie richtig abgeschrieben haben.

B. Wehren – Abschreiben? Na klar! Klasse 1/2 – Illustrationen: Thilo Pustlauk (Schreibheft), Liliane Oser (Smiley)

Lineaturblatt

Die Kinder schreiben die Wörter von S. 47–56 Seite für Seite auf dieses Lineaturblatt und kontrollieren, ob sie richtig abgeschrieben haben.

B. Wehren – Abschreiben? Na klar! Klasse 1/2 – Illustrationen: Thilo Pustlauk (Schreibheft), Liliane Oser (Smiley)

Satzteile abschreiben

Name: ______________________________

Klasse: __________

1. Lies die zwölf Purzel-Satzteile und spure die Wörter nach.
2. Schreibe die Satzteile richtig geordnet neben die passenden Bilder in die Lineatur.
3. Lies die geschriebenen Satzteile noch einmal und ergänze die Bilder: Farben, Anzahl, Dinge …
4. Schreibe alle Satzteile auf die Lineaturblätter (S. 68–69).

B. Wehren – Abschreiben? Na klar! Klasse 1/2 – Illustrationen: Liliane Oser, außer: Schreibheft: Thilo Pustlauk

Satzteile abschreiben (1)

Purzel-Satzteile lesen und neben die richtigen Bilder schreiben.
Zuletzt die Wörter auf Lineaturblätter schreiben.

grüne Bank eine

Beine lange zwei

blaue drei Seile

fünf Tomaten rote

buntes ein Haus

Zitronen gelbe vier

brauner Bus ein

Melonen drei große

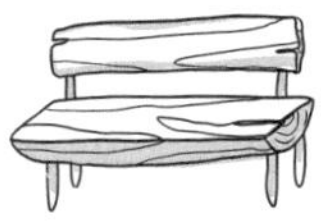

B. Wehren – Abschreiben? Na klar! Klasse 1/2 – Illustrationen: Liliane Oser, außer: Schreibheft: Thilo Pustlauk; Bank, Tomate, Haus: Anna-Lena Kühler

Satzteile abschreiben (2)

Purzel-Satzteile lesen und neben die richtigen Bilder schreiben.
Zuletzt die Wörter auf Lineaturblätter schreiben.

Sofa rotes ein

lange eine Nase

zwei Inseln kleine

grüne Tafel eine

braune vier Hasen

Esel graue zwei

Rosen acht rote

ein Faden schwarzer

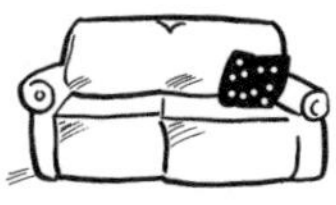

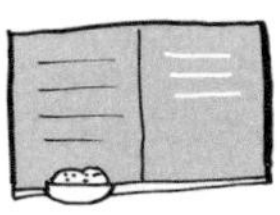

Purzel-Satzteile lesen und neben die richtigen Bilder schreiben.
Zuletzt die Wörter auf Lineaturblätter schreiben.

ein Salat grüner

grüne drei Kiwis

Federn vier weiße

sieben Nudeln gelbe

zwei Zelte bunte

Seife eine blaue

graue fünf Wolken

rote drei Scheren

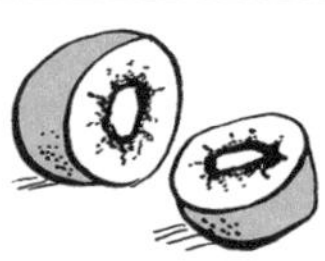

B. Wehren – Abschreiben? Na klar! Klasse 1/2 – Illustrationen: Liliane Oser, außer: Schreibheft: Thilo Pustlauk; Schere, Zelt: Anna-Lena Kühler

Satzteile abschreiben (4)

Purzel-Satzteile lesen und neben die richtigen Bilder schreiben.
Zuletzt die Wörter auf Lineaturblätter schreiben.

blaue vier Dosen	ein Kaktus grüner
Gabeln zwei graue	braune sechs Pinsel
kleine Fotos drei	Traktor roter ein
Kerzen zehn gelbe	vier Schafe weiße

B. Wehren – Abschreiben? Na klar! Klasse 1/2 – Illustrationen: Anna-Lena Kühler, außer: Schreibheft: Thilo Pustlauk; Smiley, Traktor, Schaf: Liliane Oser

Satzteile abschreiben (5)

Purzel-Satzteile lesen und neben die richtigen Bilder schreiben.
Zuletzt die Wörter auf Lineaturblätter schreiben.

gelbe neun Sterne

zwei Hexen kleine

Taschen rote drei

blaue Blumen vier

ein Dino grüner

große fünf Kinder

bunte acht Stifte

Eimer braune sechs

B. Wehren – Abschreiben? Na klar! Klasse 1/2 – Illustrationen: Liliane Oser, außer: Schreibheft: Thilo Pustlauk; Stern, Dino: Anna-Lena Kühler; Eimer: Dorina Tessmann

Satzteile abschreiben (6)

Purzel-Satzteile lesen und neben die richtigen Bilder schreiben.
Zuletzt die Wörter auf Lineaturblätter schreiben.

vier Brote braune

Krone goldene eine

Pakete graue drei

sieben Gurken grüne

Eulen drei braune

Pilze rote acht

grüne vier Beutel

Drachen zwei grüne

B. Wehren – Abschreiben? Na klar! Klasse 1/2 – Illustrationen: Liliane Oser, außer: Schreibheft: Thilo Pustlauk; Pilz, Paket, Eule: Anna-Lena Kühler

Satzteile abschreiben (7)

Purzel-Satzteile lesen und neben die richtigen Bilder schreiben.
Zuletzt die Wörter auf Lineaturblätter schreiben.

Lupen drei große

Augen zwei blaue

vier Schaufeln rote

braunes ein Regal

Raupen grüne zwei

ein Wagen blauer

braune zwei Geigen

Äpfel rote sechs

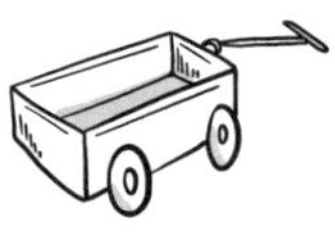

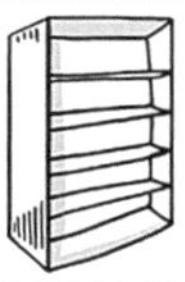

B. Wehren – Abschreiben? Na klar! Klasse 1/2 – Illustrationen: Anna-Lena Kühler, außer: Schreibheft: Thilo Pustlauk; Smiley, Auge, Schaufel, Geige, Raupe: Liliane Oser

Satzteile abschreiben (8)

Purzel-Satzteile lesen und neben die richtigen Bilder schreiben.
Zuletzt die Wörter auf Lineaturblätter schreiben.

blaue sieben Vögel

Bäume sechs grüne

Käse ein gelber

ein Gürtel schwarzer

zwei Löwen braune

graue acht Mäuse

Würfel rote drei

bunte Bücher zehn

B. Wehren – Abschreiben? Na klar! Klasse 1/2 – Illustrationen: Anna-Lena Kühler, außer: Schreibheft: Thilo Pustlauk; Smiley, Buch, Bäume, Löwe, Käse: Liliane Oser

Die Kinder schreiben die Satzteile von S. 60–67 Seite für Seite auf dieses Lineaturblatt und kontrollieren, ob sie richtig abgeschrieben haben.

B. Wehren – Abschreiben? Na klar! Klasse 1/2 – Illustrationen: Thilo Pustlauk (Schreibheft), Liliane Oser (Smiley)

Lineaturblatt

Die Kinder schreiben die Satzteile von S. 60–67 Seite für Seite auf dieses Lineaturblatt und kontrollieren, ob sie richtig abgeschrieben haben.

Sätze abschreiben

Name: ______________________________

Klasse: __________

1. Seite 71–79: Lies die drei Sätze in jedem Kästchen.
   Nur ein Satz passt zu einem der acht Bilder. Kreuze den richtigen Satz an.
   Seite 80–85: Lies die Satzschlangen, trenne die Wörter mit Strichen und lies die Sätze dann noch einmal.

2. Schreibe die Sätze neben die passenden Bilder in die Lineatur.

3. Lies die Satzteile noch einmal und ergänze die Bilder:
   Farben, Anzahl, Dinge …

4. Schreibe die Sätze auf die Lineaturblätter (S. 86–88).

B. Wehren – Abschreiben? Na klar! Klasse 1/2 – Illustrationen: Liliane Oser, außer: Schreibheft: Thilo Pustlauk

Sätze abschreiben (1)

Sätze lesen, die passenden Sätze neben die richtigen Bilder schreiben, Bilder ergänzen. Zuletzt Sätze auf Lineaturblätter schreiben.

☐ Das ist ein buntes Buch.
☐ Das ist ein brauner Baum.
☐ Das ist ein blauer Bus.

☐ Das ist ein rotes Los.
☐ Das ist eine schwarze Lok.
☐ Das sind rote Locken.

☐ Das ist ein grünes Sofa.
☐ Das ist eine grüne Socke.
☐ Das ist eine gelbe Sonne.

☐ Das ist eine graue Ente.
☐ Das ist ein graues Ei.
☐ Das ist ein grauer Esel.

☐ Das sind zwei Wagen.
☐ Das sind drei graue Wale.
☐ Das ist ein kleiner Wald.

☐ Das sind zwei braune Hasen.
☐ Das sind zwei blaue Hosen.
☐ Das sind fünf rote Haare.

☐ Das ist ein großes Land.
☐ Das sind zwei Lamas.
☐ Das ist eine gelbe Lampe.

☐ Das ist ein netter Opa.
☐ Das ist eine Orgel.
☐ Das sind zwei Omas.

B. Wehren – Abschreiben? Na klar! Klasse 1/2 – Illustrationen: Liliane Oser, außer: Schreibheft: Thilo Pustlauk; Esel, Lampe, Oma: Anna-Lena Kühler

Sätze abschreiben (2)

Sätze lesen, die passenden Sätze neben die richtigen Bilder schreiben, Bilder ergänzen. Zuletzt Sätze auf Lineaturblätter schreiben.

- ☐ Das ist ein schwarzer Rabe.
- ☐ Das ist eine rote Rübe.
- ☐ Das ist eine schwarze Made.

- ☐ Das ist ein grüner Rock.
- ☐ Das ist ein grüner Rasen.
- ☐ Das sind drei rote Rosen.

- ☐ Das ist ein weißes Tuch.
- ☐ Das ist eine gelbe Tuba.
- ☐ Das ist eine gelbe Tube.

- ☐ Das ist eine hässliche Dame.
- ☐ Das sind zwei Damen.
- ☐ Das sind drei bunte Dinos.

- ☐ Das ist ein braunes Ufer.
- ☐ Das sind zwei grüne Ufos.
- ☐ Das sind vier kleine Uhren.

- ☐ Das sind vier graue Dornen.
- ☐ Das sind vier graue Dosen.
- ☐ Das sind fünf grüne Dornen.

- ☐ Das ist eine Oma.
- ☐ Das sind zwei Ober.
- ☐ Das sind drei Opas.

- ☐ Das ist eine rote Insel.
- ☐ Das sind zwei braune Igel.
- ☐ Das sind zwei graue Iglus.

B. Wehren – Abschreiben? Na klar! Klasse 1/2 – Illustrationen: Anna-Lena Kühler, außer: Schreibheft: Thilo Pustlauk; Smiley, Rose, Ufo: Liliane Oser

Sätze lesen, die passenden Sätze neben die richtigen Bilder schreiben, Bilder ergänzen. Zuletzt Sätze auf Lineaturblätter schreiben.

☐ Das ist eine rote Rakete.
☐ Das ist ein kleiner Rabe.
☐ Das ist ein Rasen.

☐ Das ist ein grünes Ufo.
☐ Das ist ein braunes Ufer.
☐ Das ist ein grauer Uhu.

☐ Das ist ein netter Name.
☐ Das ist ein kleiner Nabel.
☐ Das sind zwei Nasen.

☐ Das sind acht Haare.
☐ Das ist ein langer Hals.
☐ Das sind drei Hasen.

☐ Das ist ein schwarzer Pirat.
☐ Das sind zwei lila Pinsel.
☐ Das ist eine weiße Pille.

☐ Das ist ein grüner Zaun.
☐ Das ist ein weißer Zahn.
☐ Das ist ein kleiner Zauberer.

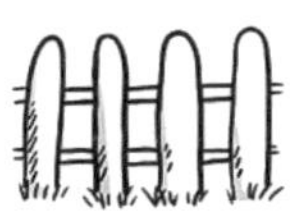

☐ Das ist ein blauer Apfel.
☐ Das ist eine gelbe Ananas.
☐ Das sind fünf Ameisen.

☐ Das ist ein rotes Buch.
☐ Das sind drei Bananen.
☐ Das ist ein kleiner Bach.

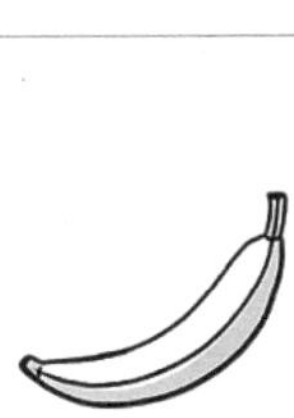

B. Wehren – Abschreiben? Na klar! Klasse 1/2 – Illustrationen: Anna-Lena Kühler, außer: Schreibheft: Thilo Pustlauk; Smiley, Haar, Ameise: Liliane Oser

Sätze lesen, die passenden Sätze neben die richtigen Bilder schreiben, Bilder ergänzen. Zuletzt Sätze auf Lineaturblätter schreiben.

☐ Die beiden Katzen bellen.
☐ Die blauen Hunde baden.
☐ Die beiden Hunde bellen.

☐ Die beiden Lehrer reden.
☐ Die beiden Kinder rechnen.
☐ Die beiden Lehrer rennen.

☐ Die drei Kinder rudern.
☐ Die vier Kinder rufen.
☐ Die zwei Kinder lesen.

☐ Die drei Ober sehen fern.
☐ Die zwei Opas sehen fern.
☐ Die zwei Omas sehen fern.

☐ Die Omas lesen Zeitung.
☐ Die zwei Opas lesen Zeitung.
☐ Die Omas lesen ein Buch.

☐ Die Frau malt Bäume.
☐ Die Männer malen Vögel.
☐ Die Frauen malen Vögel.

☐ Die Mädchen sehen Hosen.
☐ Die Mädchen sehen Hasen.
☐ Die Jungen sehen Hasen.

☐ Die Kinder baden im See.
☐ Die Enten baden im See.
☐ Die Kinder baden im Meer.

B. Wehren – Abschreiben? Na klar! Klasse 1/2 – Illustrationen: Liliane Oser, außer: Schreibheft: Thilo Pustlauk; Oma, Opa, Junge, Ente: Anna-Lena Kühler

Sätze abschreiben (5)

Sätze lesen, die passenden Sätze neben die richtigen Bilder schreiben, Bilder ergänzen. Zuletzt Sätze auf Lineaturblätter schreiben.

- ☐ Drei blaue Autos fliegen.
- ☐ Drei rote Autos fahren.
- ☐ Drei grüne Autos tauchen.

- ☐ Das Kind backt Kuchen.
- ☐ Die Kinder backen Kekse.
- ☐ Das Kind packt den Koffer.

- ☐ Die zwei Jungen klettern.
- ☐ Die drei Mädchen klettern.
- ☐ Die zwei Mädchen klettern.

- ☐ Die Hummel ist gelb.
- ☐ Der Hammel ist braun.
- ☐ Der Himmel ist blau.

- ☐ Die drei Taxis fahren.
- ☐ Die drei Tanten warten.
- ☐ Die zwei Taxis warten.

- ☐ Die Sonne scheint grün.
- ☐ Die Socke scheint gelb.
- ☐ Die Sonne scheint gelb.

- ☐ Der Papa hält das Baby.
- ☐ Die Mama hält das Baby.
- ☐ Der Papa hält das Buch.

- ☐ Die Straße ist grau.
- ☐ Die zwei Störche sind weiß.
- ☐ Die zwei Städte sind groß.

B. Wehren – Abschreiben? Na klar! Klasse 1/2 – Illustrationen: Liliane Oser, außer: Schreibheft: Thilo Pustlauk; Auto, Junge: Anna-Lena Kühler

Sätze lesen, die passenden Sätze neben die richtigen Bilder schreiben, Bilder ergänzen. Zuletzt Sätze auf Lineaturblätter schreiben.

- ☐ Das Dach ist auf dem Auto.
- ☐ Das Dach ist auf dem Haus.
- ☐ Das Dach ist auf der Frau.

- ☐ Zwei graue Elefanten fahren.
- ☐ Zwei graue Elefanten gehen.
- ☐ Drei graue Elefanten fliegen.

- ☐ Die Jungen holen Paul.
- ☐ Der Junge holt das Paket.
- ☐ Die Jungen holen den Pokal.

- ☐ Der Mann hebt Gewichte.
- ☐ Die Mädchen heben Gänse.
- ☐ Die Frauen heben Gewichte.

- ☐ Das rote Ufo hat Lampen.
- ☐ Das grüne Ufo hat Reifen.
- ☐ Das rote Ufo hat Antennen.

- ☐ Die Lappen leuchten blau.
- ☐ Die Lumpen leuchten gelb.
- ☐ Die Lampen leuchten gelb.

- ☐ Die vier Mädchen schreiben.
- ☐ Die drei Mädchen spielen.
- ☐ Das Mädchen schwimmt.

- ☐ Die beiden Jungen rechnen.
- ☐ Die beiden Jungen lesen.
- ☐ Die zwei Jungen lachen.

B. Wehren – Abschreiben? Na klar! Klasse 1/2 – Illustrationen: Liliane Oser, außer: Schreibheft: Thilo Pustlauk; Paket, Lampe: Anna-Lena Kühler

Sätze lesen, die passenden Sätze neben die richtigen Bilder schreiben, Bilder ergänzen. Zuletzt Sätze auf Lineaturblätter schreiben.

☐ Die drei Köche malen.
☐ Die zwei Könige sitzen.
☐ Die zwei Köche baden.

☐ Die drei Löwen brüllen.
☐ Die drei Läuse bellen.
☐ Die drei Lamas beißen.

☐ Auf der Gabel sind Nadeln.
☐ Auf der Gabel sind Nudeln.
☐ Auf der Gabel sind Mandeln.

☐ Im See schwimmen Fische.
☐ Im See schwimmen Frauen.
☐ Im See schwimmen Ferkel.

☐ Der Vater spielt Geige.
☐ Die Mutter spielt Flöte.
☐ Der Vater spielt Fußball.

☐ Da sind Pinguine in Booten.
☐ Da sind Piraten in Beeren.
☐ Da sind Piraten in Booten.

☐ Auf dem Boden liegen Kabel.
☐ Auf dem Boden liegen Hebel.
☐ Auf dem Boden lesen Kabel.

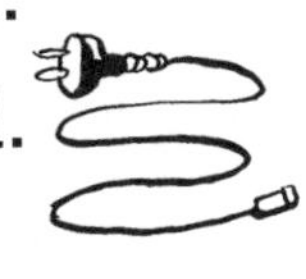

☐ Die zwei Busse sausen.
☐ Die drei Busse tauchen.
☐ Die zwei Busse fliegen.

B. Wehren – Abschreiben? Na klar! Klasse 1/2 – Illustrationen: Liliane Oser, außer: Schreibheft: Thilo Pustlauk

Sätze abschreiben (8)

Sätze lesen, die passenden Sätze neben die richtigen Bilder schreiben, Bilder ergänzen. Zuletzt Sätze auf Lineaturblätter schreiben.

- ☐ Tiger jagen rote Würmer.
- ☐ Vögel jagen grüne Wale.
- ☐ Vögel jagen rote Würmer.

- ☐ Der Wagen hat einen Hut.
- ☐ Der Wagen hat eine Hupe.
- ☐ Der Wagen hat zwei Hunde.

- ☐ Auf dem Ball sitzen Esel.
- ☐ Unter der Bank sitzen Esel.
- ☐ Auf der Bank sitzen Enten.

- ☐ Die drei Brote duften lecker.
- ☐ Die zwei Brote duften listig.
- ☐ Die zwei Brote duften lustig.

- ☐ Die zwei Igel trinken Wasser.
- ☐ Die zwei Igel essen Wasser.
- ☐ Die zwei Igel trinken Wein.

- ☐ Aus den Wolken fällt Reis.
- ☐ Aus der Wolke fällt Regen.
- ☐ Aus der Wolke fallen Regale.

- ☐ In dem Glas ist kleiner Saft.
- ☐ In dem Glas ist kalter Wurm.
- ☐ In dem Glas ist kalter Saft.

- ☐ Der Kran baut einen Turm.
- ☐ Der Kran baut einen Wurm.
- ☐ Der Kran baut einen Sturm.

Sätze lesen, die passenden Sätze neben die richtigen Bilder schreiben, Bilder ergänzen. Zuletzt Sätze auf Lineaturblätter schreiben.

☐ Roboter essen Ananas.
☐ Engel essen Ananas.
☐ Elefanten essen Ananas.

☐ Auf der Pinsel sind Almen.
☐ Auf der Insel sind Palmen.
☐ Auf der Insel sind Pinsel.

☐ Im Hagel schwimmen Boote.
☐ Im Hafen schwimmen Leute.
☐ Im Hafen schwimmen Boote.

☐ Die Jungen fegen mit Besen.
☐ Die Jungen fegen mit Bogen.
☐ Die Eltern fegen mit Beeren.

☐ Die runde Schale ist gelb.
☐ Der lange Schal ist bunt.
☐ Das dicke Schaf ist weiß.

☐ Zwei Affen essen Bononen.
☐ Zwei Affen essen Bananen.
☐ Zwei Affen essen Bununen.

☐ Zwei alte Hexen fliegen.
☐ Zwei junge Hasen fliegen.
☐ Zwei junge Hexen zaubern.

☐ Drei rote Robotor trinken Öl.
☐ Zwei graue Roboter tanzen.
☐ Drei grüne Robotor turnen.

B. Wehren – Abschreiben? Na klar! Klasse 1/2 – Illustrationen: Liliane Oser, außer: Schreibheft: Thilo Pustlauk; Roboter: Anna-Lena Kühler

Satzschlangen lesen, Wörter mit Strichen trennen, neben die richtigen Bilder schreiben, Bilder ergänzen. Zuletzt Sätze auf Lineaturblätter schreiben.

AufeinemFotosindMenschenundFlötenundBäume.
AnderrotenAmpelwarteteinblauesAuto.
AchtbrauneAmeisentrageneinengroßenApfel.
AndergrauenAngelhängteinegelbeAnanas.
AmFensterschauteeineFraudurcheinFernglas.
FünfflinkeFischefliehenvordemfettenFrosch.

B. Wehren – Abschreiben? Na klar! Klasse 1/2 – Illustrationen: Liliane Oser, außer: Schreibheft: Thilo Pustlauk; Auto, Apfel, Foto: Anna-Lena Kühler

Satzschlangen lesen, Wörter mit Strichen trennen, neben die richtigen Bilder schreiben, Bilder ergänzen. Zuletzt Sätze auf Lineaturblätter schreiben.

ImGrashüpfenzweiHundeundzweiHasen.
EingroßesGespenstmitGürtelspieltaufderGeige.
GurkeundGabelundGlasundGemüseliegenimGras.
EinegraueGansgackertgerneimgrünenGarten.
EineHexemitHutfliegtmitdemBesenzumHaus.
AndreiHakenhängenHemdundMantelundHut.

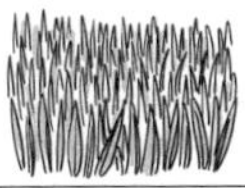

Satzschlangen lesen, Wörter mit Strichen trennen, neben die richtigen Bilder schreiben, Bilder ergänzen. Zuletzt Sätze auf Lineaturblätter schreiben.

EsregnetundmansiehteinenbuntenRegenbogen.
ImRegalsteheneineriesigeRaketeundeinrotesRadio.
AufdemTischliegenTuchundTelefonundeineTafel.
EinbraunesRehriechtaneinergrünenRaupeimRasen.
EinegraueTaubesitztaufdembraunenTurm.
ImTopfsindroteTomatenundinderTaschesindTassen.

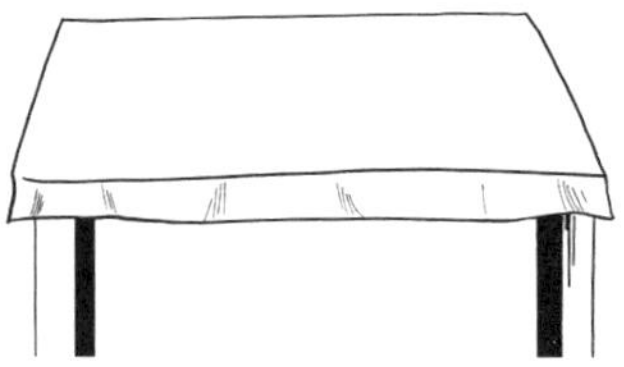

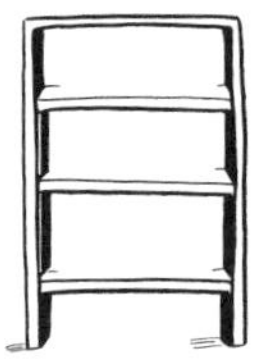

B. Wehren – Abschreiben? Na klar! Klasse 1/2 – Illustrationen: Liliane Oser, außer: Schreibheft: Thilo Pustlauk; Topf: Anna-Lena Kühler

Satzschlangen lesen, Wörter mit Strichen trennen, neben die richtigen Bilder schreiben, Bilder ergänzen. Zuletzt Sätze auf Lineaturblätter schreiben.

AusdemZeltvordemZaunschauenzehnZehenheraus.

AusderKanonefliegenKaktusundKerzeundKreide.

KamelundKrokodilundKoalaessengelbenKäse.

DasZebramitdenZügelnlecktmitderZungeanZitronen.

DerKochmitderKroneaufdemKopfbacktKekse.

ZweiZwergezaubernzweiZangenausdemZauberhut.

B. Wehren – Abschreiben? Na klar! Klasse 1/2 – Illustrationen: Liliane Oser, außer: Schreibheft: Thilo Pustlauk; Zelt: Anna-Lena Kühler

Satzschlangen lesen, Wörter mit Strichen trennen, neben die richtigen Bilder schreiben, Bilder ergänzen. Zuletzt Sätze auf Lineaturblätter schreiben.

BrauneBärenessenblaueBonbonsvordemBusch.
EinweißerEisbärlecktaneinemleckerenErdbeereis.
BunteBlätterundgelbeBirnenfallenvomBaumherab.
DiebeidenBrüderlesenBuchundBriefamblauenBach.
EinweißesEinhornfuttertBreiauszweiblauenEimern.
DreibrauneEierfallenausdemgrünenEinkaufswagen.

B. Wehren – Abschreiben? Na klar! Klasse 1/2 – Illustrationen: Liliane Oser, außer: Schreibheft: Thilo Pustlauk

Satzschlangen lesen, Wörter mit Strichen trennen, neben die richtigen Bilder schreiben, Bilder ergänzen. Zuletzt Sätze auf Lineaturblätter schreiben.

EinegelbeLampemiteinerlangenLeitungleuchtethell.
EinscheuesSchafschlecktanderbraunenSchokolade.
DerSchneemannträgteinenSchirmundrotenSchal.
EinlieberLöweundeinelustigeLibellespielenmitLego.
DaliegenlilaLuftballonsundsilberneLöffelundLollis.
EinSchiffundschwarzeSchuheschwimmenimMeer.

Lineaturblatt

Die Kinder schreiben die Sätze von S. 71–85 Seite für Seite auf dieses Lineaturblatt und kontrollieren, ob sie richtig abgeschrieben haben.

B. Wehren – Abschreiben? Na klar! Klasse 1/2 – Illustrationen: Thilo Pustlauk (Schreibheft), Liliane Oser (Smiley)

Lineaturblatt

Die Kinder schreiben die Sätze von S. 71–85 Seite für Seite auf dieses Lineaturblatt und kontrollieren, ob sie richtig abgeschrieben haben.

Lineaturblatt

Die Kinder schreiben die Sätze von S. 71–85 Seite für Seite auf dieses Lineaturblatt und kontrollieren, ob sie richtig abgeschrieben haben.

B. Wehren – Abschreiben? Na klar! Klasse 1/2 – Illustrationen: Thilo Pustlauk (Schreibheft), Liliane Oser (Smiley)

Texte abschreiben

Name: ______________________________

Klasse: __________

1. Nimm deine Schriftkarte (S. 5) als Hilfe.
   Lies die vier Textabschnitte. Markiere schwierige Stellen in den Wörtern und zeichne senkrechte Linien immer nach zwei bis fünf Wörtern – also kurzen Satzteilen, die du dir gut merken kannst. Beispiel:
   Es war einmal / ein armes Mädchen, / das lebte mit seiner / Mutter allein.
2. Es gibt vier Aufgaben:
   a) 1. Textabschnitt: Schreibe den Text auf die Linien.
   b) 2. Textabschnitt: Drehe den Text, lies und drehe den Text zurück.
   Schreibe den Text auf die Linien.
   c) 3. Textabschnitt: Lies den Schlangentext, trenne die Wörter mit Strichen.
   Schreibe den Text auf die Linien.
   d) 4. Textabschnitt: Lies und entschlüssele den Rätseltext.
   Schreibe den Text auf die Linien.
3. Kontrolliere. Vergleiche. Verbessere.
4. Lies und male passende Mini-Bilder neben deine abgeschriebenen Textabschnitte.

Hinweis für Lehrerinnen und Lehrer: Kopieren Sie die passende „Schreibschrift-Vorübung“ (S. 7–10) und heften Sie diese kopierte Seite hinter dieses Deckblatt.

Hinweis für Eltern: Ihr Kind schreibt die Buchstaben der gelernten Schreibschrift auf S. 7, 8, 9 oder 10 mit Bleistift und radiert sie danach aus.

B. Wehren – Abschreiben? Na klar! Klasse 1/2 – Illustrationen: Liliane Oser, außer: Schreibheft: Thilo Pustlauk

Text in Satzteile einteilen, schwierige Stellen markieren, Text abschreiben, vergleichen, verbessern

(Märchen frei nacherzählt nach: Gebrüder Grimm (1857): Kinder- und Hausmärchen. Große Ausgabe, Bd. 2)

1 a Der süße Brei (Märchen nach den Brüdern Grimm)

a) Es war einmal ein armes Mädchen, das lebte mit seiner Mutter allein. Und sie hatten nichts mehr zu essen. Da ging das Kind hinaus in den Wald. Dort begegnete ihm eine alte Frau, die dem Mädchen ein Töpfchen schenkte, zu dem es sagen sollte: „Töpfchen, koche."

Es war

b) Es kochte dann süßen Hirsebrei. Und wenn es sagte „Töpfchen, steh", so hörte es wieder auf zu kochen. Das Mädchen brachte den Topf seiner Mutter. Nun waren sie nicht mehr arm und hungrig und aßen süßen Brei so oft sie wollten.

Es kochte

B. Wehren – Abschreiben? Na klar! Klasse 1/2 – Illustrationen: Thilo Pustlauk (Schreibheft), Liliane Oser (Smiley)

Text in Satzteile einteilen, schwierige Stellen markieren, Text abschreiben, vergleichen, verbessern

(Märchen frei nacherzählt nach: Gebrüder Grimm (1857): Kinder- und Hausmärchen. Große Ausgabe, Bd. 2)

1 b Der süße Brei (Märchen nach den Brüdern Grimm)

c) EinesTageswardasMädchennichtzuHause,dasprachdieMutter: „Töpfchen,koche.“DasTöpfchenbegannzukochenundsieaßsichsatt. NunsolltedasTöpfchendasKochenbeenden,aberdieMutterkannteden Zauberspruchnicht.AlsokochtedasTöpfchenweiterbisüberdenRand desTopfes,dannindieKücheunddasganzeHausundschließlichindas zweiteHausunddieStraße,alswollteesdieganzeWeltsattmachen.

Eines Tages

d) Als nur noch ein einziges Haus übrig war, kam das Mädchen heim und sprach nur: „Töpfchen, steh.“ Das Töpfchen stoppte sofort. Und wer in die Stadt wollte, der musste sich durch den Brei essen.

Als nur

Text in Satzteile einteilen, schwierige Stellen markieren, Text abschreiben, vergleichen, verbessern

(Märchen frei nacherzählt nach: Gebrüder Grimm (1857): Kinder- und Hausmärchen. Große Ausgabe, Bd. 1)

2a Aschenputtel (Märchen nach den Brüdern Grimm)

a) Es war einmal ein Mädchen, dessen Mutter gestorben war. Seine Stiefmutter hatte zwei Töchter mit ins Haus gebracht. Alle drei Frauen waren sehr gemein zu ihm. Das Mädchen musste schwer arbeiten, früh aufstehen, Wasser tragen, Feuer machen, kochen und waschen. Wenn es müde war, musste es sich abends neben den Herd in die Asche legen. Und weil das Mädchen darum immer schmutzig war, nannten sie es Aschenputtel.

Es war

b) Eines Tages wollte der König ein großes Fest veranstalten, auf dem sich der Prinz eine Gemahlin aussuchen sollte. Aschenputtel fragte die Stiefmutter, ob sie auch hingehen darf. Die Stiefmutter antwortete: „Aschenputtel, du bist voll Schmutz und willst zum Fest? Du darfst nicht mit, denn du hast keine passenden Kleider.“ Darauf eilte sie mit ihren Töchtern fort.

Eines Tages

B. Wehren – Abschreiben? Na klar! Klasse 1/2 – Illustrationen: Thilo Pustlauk (Schreibheft), Liliane Oser (Smiley)

Text in Satzteile einteilen, schwierige Stellen markieren, Text abschreiben, vergleichen, verbessern

(Märchen frei nacherzählt nach: Gebrüder Grimm (1857): Kinder- und Hausmärchen. Große Ausgabe, Bd. 1)

2b Aschenputtel (Märchen nach den Brüdern Grimm)

c) AschenputtelgingzumGrabihrerMutterundweinte,bisdieTränendarauffielen. AlssiedieAugenöffnete,trugsieplötzlicheinprächtigesKleidundgoldeneSchuhe. SogingAschenputtelzumFestundderPrinztanztemitihr.AbendswollteAschenputtel dasFestverlassen.DerPrinzwolltesiebegleiten,abersieentsprangihmsogeschwind, dassernichtfolgenkonnte.AufderTreppeverlorsieeinenihrerSchuhe.

Aschenputtel ging

d) Der Prinz fand ihn und sprach: „Nur diejenige soll meine Gemahlin werden, der dieser goldene Schuh passt.“ Und er ließ im ganzen Königreich nach dem Mädchen suchen. Als der Prinz zu Aschenputtels Heim kam und sie den Schuh anzog, da passte er wie angegossen. Als Aschenputtel sich aufrichtete und dem Prinzen ins Gesicht sah, erkannte er sie. Dann wurde Hochzeit gehalten.

Der Prinz

Text in Satzteile einteilen, schwierige Stellen markieren, Text abschreiben, vergleichen, verbessern

(Märchen frei nacherzählt nach: Gebrüder Grimm (1857): Kinder- und Hausmärchen. Große Ausgabe, Bd. 1)

3a Hänsel und Gretel (Märchen nach den Brüdern Grimm)

a) Es war einmal ein armer Holzfäller, der mit seinen Kindern Hänsel und Gretel am Rande eines großen Waldes lebte. Ihre Mutter war gestorben und der Vater hatte wieder geheiratet. Da sie kaum noch etwas zu essen hatten, überredete die Stiefmutter den Vater, die Kinder im dunklen Wald zurückzulassen.
Auf dem Weg in den Wald warf Hänsel Brotkrumen auf die Erde, um den Weg zurück nach Hause zu finden. Nachdem die Eltern Hänsel und Gretel im Wald zurückgelassen hatten, suchten die Kinder nach den Brotkrumen. Doch die Vögel hatten sie weggepickt.

Es war

b) Bald kamen sie an ein Häuschen aus Zucker und Lebkuchen. Als die Kinder davon aßen, kam eine steinalte Frau heraus. Sie führte die Kinder in ihr Häuschen. Dort gab es Pfannkuchen, Milch und zwei schöne Bettchen, in denen Hänsel und Gretel schliefen. Am Morgen packte die alte Hexe Hänsel und sperrte ihn in einen großen Käfig.

Bald kamen

B. Wehren – Abschreiben? Na klar! Klasse 1/2 – Illustrationen: Thilo Pustlauk (Schreibheft), Liliane Oser (Smiley)

Text in Satzteile einteilen, schwierige Stellen markieren, Text abschreiben, vergleichen, verbessern

(Märchen frei nacherzählt nach: Gebrüder Grimm (1857): Kinder- und Hausmärchen. Große Ausgabe, Bd. 1)

3 b Hänsel und Gretel (Märchen nach den Brüdern Grimm)

c) GretelmusstefürdieHexearbeitenundihremBruderHänselEssenkochen,damiterfettwird undgebratenwerdenkann.JedenTagfühltedieHexedenFingervonHänsel,derihrnurein Knöchelchenherausstreckte.IhreschlechtenAugenerkanntendiesnichtundsowundertesie sich,dassergarnichtfetterwurde.BaldhattedieHexegroßenHungerundGretelsollteinden Backofenkriechen.Gretelmeinte,siepassenichthinein.DawolltedieHexeesihrzeigenund GretelstießsieindenOfen,sodasssieverbrannte.GretelbefreiteHänsel.

Gretel musste

d) Sie fanden kostbare Schätze im Hexenhaus und stopften ihre Taschen mit Edelsteinen, Perlen und Goldtalern voll. Nach einiger Zeit fanden sie den Heimweg, fielen ihrem Vater um den Hals und legten die Kostbarkeiten auf den Tisch. Nun hatte alle Not ein Ende und sie lebten wieder glücklich miteinander. Denn auch die böse Stiefmutter war in der Zwischenzeit gestorben.

Sie fanden

B. Wehren – Abschreiben? Na klar! Klasse 1/2 – Illustrationen: Thilo Pustlauk (Schreibheft), Liliane Oser (Smiley)

Text in Satzteile einteilen, schwierige Stellen markieren, Text abschreiben, vergleichen, verbessern

(Märchen frei nacherzählt nach: Gebrüder Grimm (1857): Kinder- und Hausmärchen. Große Ausgabe, Bd. 1)

4a Dornröschen (Märchen nach den Brüdern Grimm)

a) Es war einmal ein Königspaar, das sich ein Kind wünschte. Nach einem Jahr bekam die Königin ein Mädchen. Der König und die Königin veranstalteten ein großes Fest. Sie luden auch die 13 weisesten Feen des Reiches ein. Weil sie aber nur zwölf goldene Teller hatten, wurde eine Fee nicht eingeladen. Am Festtag beschenkten die weisen Feen das Kind mit Klugheit, Freundlichkeit und Bescheidenheit. Am Ende des Festes erschien die 13. Fee und rief: „Ihr habt mich nicht eingeladen! Die Prinzessin soll sich an ihrem 15. Geburtstag an einer Spindel stechen und tot umfallen."

Es war

b) Da waren alle sehr erschrocken. Aber eine gute Fee trat zum Kind und sagte: „Es soll kein Tod sein, sondern ein hundertjähriger Schlaf!" Der König ließ daraufhin alle Spindeln im Land verbrennen. Doch als Dornröschen 15 Jahre alt wurde, ging es durch das Schloss und kam in einen Turm, in dem eine alte Frau saß und mit einer Spindel spann.

Da waren

B. Wehren – Abschreiben? Na klar! Klasse 1/2 – Illustrationen: Thilo Pustlauk (Schreibheft), Liliane Oser (Smiley)

Text in Satzteile einteilen, schwierige Stellen markieren, Text abschreiben, vergleichen, verbessern

(Märchen frei nacherzählt nach: Gebrüder Grimm (1857): Kinder- und Hausmärchen. Große Ausgabe, Bd. 1)

4 b Dornröschen (Märchen nach den Brüdern Grimm)

c) DornröschennahmdieSpindelneugierigindieHand,stachsichindenFingerundfielintiefen Schlaf.AuchalleLebewesenimSchlossschliefenein:König,Königin,Diener,Wächter,Pferde, Hunde,TaubenundsogardieFliegenanderWand.RingsumdasSchlossherumwucherte eineDornenhecke.SiewurdejedesJahrhöher,sodassmandasSchlosskaumnochsehen konnte.AlseinhundertJahrevergangenwarenunddamitderTaggekommenwar,andem Dornröschenwiedererwachensollte,nähertesicheinPrinzderHecke.

Dornöschen nahm

d) Er kämpfte sich durch die Dornenhecke hindurch und als er die Prinzessin erblickte, verliebte er sich sofort in sie und gab ihr einen Kuss. Dornröschen öffnete die Augen. Der König und die Königin erwachten und mit ihnen alle, die eingeschlafen waren. Die Hochzeit von Dornröschen und dem Prinzen wurde prächtig gefeiert. Und sie lebten glücklich und vergnügt bis an ihr Ende.

Er kämpfte

Grundwortschatz-Abschreib-Training von A–Z (1)

1. Spalte: Falte alle drei gestrichelten Linien. Lies ein Wort. Dann klappe diese 1. Spalte komplett nach hinten.	**2. Spalte:** Schreibe das gelesene Wort auswendig hier in die 2. Spalte neben das Wort der 1. Spalte. Dann klappe die 1. Spalte nach vorne. Vergleiche beide Wörter. Falsch? Verbessere. Richtig? Lies das nächste Wort, klappe die 1. Spalte komplett nach hinten und schreibe das gelesene Wort auswendig in diese Spalte. Usw.	**3. Spalte:** Erst wenn du alle Wörter der 1. Spalte richtig in die 2. Spalte geschrieben hast, liest du ein Wort der 2. Spalte, klappst die 1. und 2. Spalte komplett nach hinten und schreibst das gelesene Wort hier in die 3. Spalte. Vergleiche beide Wörter. Falsch? Verbessere. Richtig? Lies das nächste Wort, klappe die 1. und 2. Spalte komplett nach hinten und schreibe das gelesene Wort auswendig in diese Spalte. Usw.	**4. Spalte:** Erst wenn du alle Wörter der 2. Spalte richtig in die 3. Spalte geschrieben hast, liest du ein Wort der 3. Spalte, klappst die 1., 2. und 3. Spalte komplett nach hinten und schreibst das gelesene Wort hier in die 4. Spalte. Vergleiche beide Wörter. Falsch? Verbessere. Richtig? Lies das nächste Wort und klappe die 1., 2. und 3. Spalte komplett nach hinten und schreibe das gelesene Wort auswendig in diese Spalte. Usw.
der Abend			
acht			
alle			
alt			
die Ampel			
antworten			
der Apfel			
der April			
arbeiten			
der Arm			
der Ast			
die Aufgabe			
das Auge			
der August			
das Auto			
das Baby			
baden			
der Ball			
die Bank			
der Bauch			
bauen			
der Baum			
das Bein			
bewegen			
bezahlen			
die Biene			
das Bild			

B. Wehren – Abschreiben? Na klar! Klasse 1/2 – Illustrationen: Thilo Pustlauk (Schreibheft)

1. Spalte: Falte alle drei gestrichelten Linien. Lies ein Wort. Dann klappe diese 1. Spalte komplett nach hinten.	**2. Spalte:** Schreibe das gelesene Wort auswendig hier in die 2. Spalte neben das Wort der 1. Spalte. Dann klappe die 1. Spalte nach vorne. Vergleiche beide Wörter. Falsch? Verbessere. Richtig? Lies das nächste Wort, klappe die 1. Spalte komplett nach hinten und schreibe das gelesene Wort auswendig in diese Spalte. Usw.	**3. Spalte:** Erst wenn du alle Wörter der 1. Spalte richtig in die 2. Spalte geschrieben hast, liest du ein Wort der 2. Spalte, klappst die 1. und 2. Spalte komplett nach hinten und schreibst das gelesene Wort hier in die 3. Spalte. Vergleiche beide Wörter. Falsch? Verbessere. Richtig? Lies das nächste Wort, klappe die 1. und 2. Spalte komplett nach hinten und schreibe das gelesene Wort auswendig in diese Spalte. Usw.	**4. Spalte:** Erst wenn du alle Wörter der 2. Spalte richtig in die 3. Spalte geschrieben hast, liest du ein Wort der 3. Spalte, klappst die 1., 2. und 3. Spalte komplett nach hinten und schreibst das gelesene Wort hier in die 4. Spalte. Vergleiche beide Wörter. Falsch? Verbessere. Richtig? Lies das nächste Wort und klappe die 1., 2. und 3. Spalte komplett nach hinten und schreibe das gelesene Wort auswendig in diese Spalte. Usw.
die Birne			
bitten			
das Blatt			
blau			
bleiben			
die Blume			
blühen			
die Blüte			
der Boden			
böse			
braun			
bringen			
das Brot			
der Brief			
der Bruder			
das Buch			
bunt			
der Busch			
der Cent			
der Computer			
danken			
denken			
der Dezember			
der Dienstag			
der Donnerstag			
drei			
dunkel			

Grundwortschatz-Abschreib-Training von A–Z (3)

1. Spalte: Falte alle drei gestrichelten Linien. Lies ein Wort. Dann klappe diese 1. Spalte komplett nach hinten.	**2. Spalte:** Schreibe das gelesene Wort auswendig hier in die 2. Spalte neben das Wort der 1. Spalte. Dann klappe die 1. Spalte nach vorne. Vergleiche beide Wörter. Falsch? Verbessere. Richtig? Lies das nächste Wort, klappe die 1. Spalte komplett nach hinten und schreibe das gelesene Wort auswendig in diese Spalte. Usw.	**3. Spalte:** Erst wenn du alle Wörter der 1. Spalte richtig in die 2. Spalte geschrieben hast, liest du ein Wort der 2. Spalte, klappst die 1. und 2. Spalte komplett nach hinten und schreibst das gelesene Wort hier in die 3. Spalte. Vergleiche beide Wörter. Falsch? Verbessere. Richtig? Lies das nächste Wort, klappe die 1. und 2. Spalte komplett nach hinten und schreibe das gelesene Wort auswendig in diese Spalte. Usw.	**4. Spalte:** Erst wenn du alle Wörter der 2. Spalte richtig in die 3. Spalte geschrieben hast, liest du ein Wort der 3. Spalte, klappst die 1., 2. und 3. Spalte komplett nach hinten und schreibst das gelesene Wort hier in die 4. Spalte. Vergleiche beide Wörter. Falsch? Verbessere. Richtig? Lies das nächste Wort und klappe die 1., 2. und 3. Spalte komplett nach hinten und schreibe das gelesene Wort auswendig in diese Spalte. Usw.
das Ei			
eins			
elf			
die Eltern			
das Ende			
eng			
die Ente			
die Erde			
essen (isst)			
die Eule			
der Euro			
fahren			
fallen			
die Familie			
fangen			
der Februar			
fein			
das Feld			
das Fenster			
finden			
der Finger			
fliegen			
der Flügel			
flüssig			
fragen			
die Frau			

1. Spalte: Falte alle drei gestrichelten Linien. Lies ein Wort. Dann klappe diese 1. Spalte komplett nach hinten.	**2. Spalte:** Schreibe das gelesene Wort auswendig hier in die 2. Spalte neben das Wort der 1. Spalte. Dann klappe die 1. Spalte nach vorne. Vergleiche beide Wörter. Falsch? Verbessere. Richtig? Lies das nächste Wort, klappe die 1. Spalte komplett nach hinten und schreibe das gelesene Wort auswendig in diese Spalte. Usw.	**3. Spalte:** Erst wenn du alle Wörter der 1. Spalte richtig in die 2. Spalte geschrieben hast, liest du ein Wort der 2. Spalte, klappst die 1. und 2. Spalte komplett nach hinten und schreibst das gelesene Wort hier in die 3. Spalte. Vergleiche beide Wörter. Falsch? Verbessere. Richtig? Lies das nächste Wort, klappe die 1. und 2. Spalte komplett nach hinten und schreibe das gelesene Wort auswendig in diese Spalte. Usw.	**4. Spalte:** Erst wenn du alle Wörter der 2. Spalte richtig in die 3. Spalte geschrieben hast, liest du ein Wort der 3. Spalte, klappst die 1., 2. und 3. Spalte komplett nach hinten und schreibst das gelesene Wort hier in die 4. Spalte. Vergleiche beide Wörter. Falsch? Verbessere. Richtig? Lies das nächste Wort und klappe die 1., 2. und 3. Spalte komplett nach hinten und schreibe das gelesene Wort auswendig in diese Spalte. Usw.
der Freitag			
fremd			
freuen			
der Freund			
die Freundin			
frisch			
die Frucht			
der Frühling			
füllen			
fünf			
der Fuß			
der Garten			
geben			
gehen			
gelb			
das Geld			
das Gemüse			
das Gesicht			
gestern			
gesund			
das Gras			
groß			
grün			
gut			
die Haare			
haben			
der Hals			

B. Wehren – Abschreiben? Na klar! Klasse 1/2 – Illustrationen: Thilo Pustlauk (Schreibheft)

Grundwortschatz-Abschreib-Training von A–Z (5)

1. Spalte: Falte alle drei gestrichelten Linien. Lies ein Wort. Dann klappe diese 1. Spalte komplett nach hinten.	**2. Spalte:** Schreibe das gelesene Wort auswendig hier in die 2. Spalte neben das Wort der 1. Spalte. Dann klappe die 1. Spalte nach vorne. Vergleiche beide Wörter. Falsch? Verbessere. Richtig? Lies das nächste Wort, klappe die 1. Spalte komplett nach hinten und schreibe das gelesene Wort auswendig in diese Spalte. Usw.	**3. Spalte:** Erst wenn du alle Wörter der 1. Spalte richtig in die 2. Spalte geschrieben hast, liest du ein Wort der 2. Spalte, klappst die 1. und 2. Spalte komplett nach hinten und schreibst das gelesene Wort hier in die 3. Spalte. Vergleiche beide Wörter. Falsch? Verbessere. Richtig? Lies das nächste Wort, klappe die 1. und 2. Spalte komplett nach hinten und schreibe das gelesene Wort auswendig in diese Spalte. Usw.	**4. Spalte:** Erst wenn du alle Wörter der 2. Spalte richtig in die 3. Spalte geschrieben hast, liest du ein Wort der 3. Spalte, klappst die 1., 2. und 3. Spalte komplett nach hinten und schreibst das gelesene Wort hier in die 4. Spalte. Vergleiche beide Wörter. Falsch? Verbessere. Richtig? Lies das nächste Wort und klappe die 1., 2. und 3. Spalte komplett nach hinten und schreibe das gelesene Wort auswendig in diese Spalte. Usw.
halten			
die Hand			
hart			
der Hase			
das Haus			
die Haut			
die Hecke			
heiß			
heißen			
helfen			
hell			
das Hemd			
der Herbst			
der Herr			
heute			
die Hexe			
der Himmel			
hören			
die Hose			
der Hund			
hundert			
der Igel			
das Jahr			
der Januar			
der Juli			
der Junge			
der Juni			

1. Spalte: Falte alle drei gestrichelten Linien. Lies ein Wort. Dann klappe diese 1. Spalte komplett nach hinten.	**2. Spalte:** Schreibe das gelesene Wort auswendig hier in die 2. Spalte neben das Wort der 1. Spalte. Dann klappe die 1. Spalte nach vorne. Vergleiche beide Wörter. Falsch? Verbessere. Richtig? Lies das nächste Wort, klappe die 1. Spalte komplett nach hinten und schreibe das gelesene Wort auswendig in diese Spalte. Usw.	**3. Spalte:** Erst wenn du alle Wörter der 1. Spalte richtig in die 2. Spalte geschrieben hast, liest du ein Wort der 2. Spalte, klappst die 1. und 2. Spalte komplett nach hinten und schreibst das gelesene Wort hier in die 3. Spalte. Vergleiche beide Wörter. Falsch? Verbessere. Richtig? Lies das nächste Wort, klappe die 1. und 2. Spalte komplett nach hinten und schreibe das gelesene Wort auswendig in diese Spalte. Usw.	**4. Spalte:** Erst wenn du alle Wörter der 2. Spalte richtig in die 3. Spalte geschrieben hast, liest du ein Wort der 3. Spalte, klappst die 1., 2. und 3. Spalte komplett nach hinten und schreibst das gelesene Wort hier in die 4. Spalte. Vergleiche beide Wörter. Falsch? Verbessere. Richtig? Lies das nächste Wort und klappe die 1., 2. und 3. Spalte komplett nach hinten und schreibe das gelesene Wort auswendig in diese Spalte. Usw.
laufen			
laut			
leben			
legen			
leicht			
leise			
lernen			
lesen			
die Leute			
lieb			
liegen			
machen			
das Mädchen			
der Mai			
malen			
der Mann			
der März			
die Maus			
die Minute			
der Mittwoch			
der Monat			
der Montag			
der Morgen			
der Mund			
müssen			
die Mutter			
die Nacht			

B. Wehren – Abschreiben? Na klar! Klasse 1/2 – Illustrationen: Thilo Pustlauk (Schreibheft)

1. Spalte: Falte alle drei gestrichelten Linien. Lies ein Wort. Dann klappe diese 1. Spalte komplett nach hinten.	**2. Spalte:** Schreibe das gelesene Wort auswendig hier in die 2. Spalte neben das Wort der 1. Spalte. Dann klappe die 1. Spalte nach vorne. Vergleiche beide Wörter. Falsch? Verbessere. Richtig? Lies das nächste Wort, klappe die 1. Spalte komplett nach hinten und schreibe das gelesene Wort auswendig in diese Spalte. Usw.	**3. Spalte:** Erst wenn du alle Wörter der 1. Spalte richtig in die 2. Spalte geschrieben hast, liest du ein Wort der 2. Spalte, klappst die 1. und 2. Spalte komplett nach hinten und schreibst das gelesene Wort hier in die 3. Spalte. Vergleiche beide Wörter. Falsch? Verbessere. Richtig? Lies das nächste Wort, klappe die 1. und 2. Spalte komplett nach hinten und schreibe das gelesene Wort auswendig in diese Spalte. Usw.	**4. Spalte:** Erst wenn du alle Wörter der 2. Spalte richtig in die 3. Spalte geschrieben hast, liest du ein Wort der 3. Spalte, klappst die 1., 2. und 3. Spalte komplett nach hinten und schreibst das gelesene Wort hier in die 4. Spalte. Vergleiche beide Wörter. Falsch? Verbessere. Richtig? Lies das nächste Wort und klappe die 1., 2. und 3. Spalte komplett nach hinten und schreibe das gelesene Wort auswendig in diese Spalte. Usw.
der Name			
die Nase			
der Nebel			
nehmen			
neu			
neun			
der November			
das Obst			
das Ohr			
der Oktober			
der Onkel			
Ostern			
das Papier			
das Pferd			
pflanzen			
pflegen			
der Pinsel			
der Platz			
die Puppe			
quaken			
der Quark			
die Raupe			
rechnen			
reden			
der Regen			
reich			
reisen			

B. Wehren – Abschreiben? Na klar! Klasse 1/2 – Illustrationen: Thilo Pustlauk (Schreibheft)

1. Spalte: Falte alle drei gestrichelten Linien. Lies ein Wort. Dann klappe diese 1. Spalte komplett nach hinten.	**2. Spalte:** Schreibe das gelesene Wort auswendig hier in die 2. Spalte neben das Wort der 1. Spalte. Dann klappe die 1. Spalte nach vorne. Vergleiche beide Wörter. Falsch? Verbessere. Richtig? Lies das nächste Wort, klappe die 1. Spalte komplett nach hinten und schreibe das gelesene Wort auswendig in diese Spalte. Usw.	**3. Spalte:** Erst wenn du alle Wörter der 1. Spalte richtig in die 2. Spalte geschrieben hast, liest du ein Wort der 2. Spalte, klappst die 1. und 2. Spalte komplett nach hinten und schreibst das gelesene Wort hier in die 3. Spalte. Vergleiche beide Wörter. Falsch? Verbessere. Richtig? Lies das nächste Wort, klappe die 1. und 2. Spalte komplett nach hinten und schreibe das gelesene Wort auswendig in diese Spalte. Usw.	**4. Spalte:** Erst wenn du alle Wörter der 2. Spalte richtig in die 3. Spalte geschrieben hast, liest du ein Wort der 3. Spalte, klappst die 1., 2. und 3. Spalte komplett nach hinten und schreibst das gelesene Wort hier in die 4. Spalte. Vergleiche beide Wörter. Falsch? Verbessere. Richtig? Lies das nächste Wort und klappe die 1., 2. und 3. Spalte komplett nach hinten und schreibe das gelesene Wort auswendig in diese Spalte. Usw.
der Rock			
rollen			
rosa			
rot			
der Rücken			
rufen			
der Saft			
sagen			
das Salz			
der Samstag			
der Sand			
der Satz			
schauen			
scheinen			
die Schere			
schlafen			
schlagen			
der Schnee			
schneiden			
schnell			
schön			
schreiben			
die Schule			
schwarz			
die Schwester			
sechs			
sehen			

B. Wehren – Abschreiben? Na klar! Klasse 1/2 – Illustrationen: Thilo Pustlauk (Schreibheft)

Grundwortschatz-Abschreib-Training von A–Z (9)

1. Spalte: Falte alle drei gestrichelten Linien. Lies ein Wort. Dann klappe diese 1. Spalte komplett nach hinten.	**2. Spalte:** Schreibe das gelesene Wort auswendig hier in die 2. Spalte neben das Wort der 1. Spalte. Dann klappe die 1. Spalte nach vorne. Vergleiche beide Wörter. Falsch? Verbessere. Richtig? Lies das nächste Wort, klappe die 1. Spalte komplett nach hinten und schreibe das gelesene Wort auswendig in diese Spalte. Usw.	**3. Spalte:** Erst wenn du alle Wörter der 1. Spalte richtig in die 2. Spalte geschrieben hast, liest du ein Wort der 2. Spalte, klappst die 1. und 2. Spalte komplett nach hinten und schreibst das gelesene Wort hier in die 3. Spalte. Vergleiche beide Wörter. Falsch? Verbessere. Richtig? Lies das nächste Wort, klappe die 1. und 2. Spalte komplett nach hinten und schreibe das gelesene Wort auswendig in diese Spalte. Usw.	**4. Spalte:** Erst wenn du alle Wörter der 2. Spalte richtig in die 3. Spalte geschrieben hast, liest du ein Wort der 3. Spalte, klappst die 1., 2. und 3. Spalte komplett nach hinten und schreibst das gelesene Wort hier in die 4. Spalte. Vergleiche beide Wörter. Falsch? Verbessere. Richtig? Lies das nächste Wort und klappe die 1., 2. und 3. Spalte komplett nach hinten und schreibe das gelesene Wort auswendig in diese Spalte. Usw.
die Seife			
das Seil			
die Sekunde			
der September			
sieben			
singen			
sitzen			
der Sohn			
sollen			
der Sommer			
die Sonne			
der Sonntag			
sparen			
spielen			
der Sport			
die Stange			
stehen			
stellen			
der Stift			
der Strauch			
die Stunde			
suchen			
der Tag			
die Tante			
die Tasche			
der Tee			
das Telefon			

B. Wehren – Abschreiben? Na klar! Klasse 1/2 – Illustrationen: Thilo Pustlauk (Schreibheft)

1. Spalte: Falte alle drei gestrichelten Linien. Lies ein Wort. Dann klappe diese 1. Spalte komplett nach hinten.	**2. Spalte:** Schreibe das gelesene Wort auswendig hier in die 2. Spalte neben das Wort der 1. Spalte. Dann klappe die 1. Spalte nach vorne. Vergleiche beide Wörter. Falsch? Verbessere. Richtig? Lies das nächste Wort, klappe die 1. Spalte komplett nach hinten und schreibe das gelesene Wort auswendig in diese Spalte. Usw.	**3. Spalte:** Erst wenn du alle Wörter der 1. Spalte richtig in die 2. Spalte geschrieben hast, liest du ein Wort der 2. Spalte, klappst die 1. und 2. Spalte komplett nach hinten und schreibst das gelesene Wort hier in die 3. Spalte. Vergleiche beide Wörter. Falsch? Verbessere. Richtig? Lies das nächste Wort, klappe die 1. und 2. Spalte komplett nach hinten und schreibe das gelesene Wort auswendig in diese Spalte. Usw.	**4. Spalte:** Erst wenn du alle Wörter der 2. Spalte richtig in die 3. Spalte geschrieben hast, liest du ein Wort der 3. Spalte, klappst die 1., 2. und 3. Spalte komplett nach hinten und schreibst das gelesene Wort hier in die 4. Spalte. Vergleiche beide Wörter. Falsch? Verbessere. Richtig? Lies das nächste Wort und klappe die 1., 2. und 3. Spalte komplett nach hinten und schreibe das gelesene Wort auswendig in diese Spalte. Usw.
das Tier			
die Tochter			
tragen			
trinken			
turnen			
üben			
die Uhr			
die Uhrzeit			
der Vater			
der Verkehr			
versuchen			
vier			
der Vogel			
warm			
warten			
waschen			
das Wasser			
der Weg			
Weihnachten			
weiß			
weit			
werden			
das Wetter			
die Wiese			
der Wind			
der Winter			
die Woche			

B. Wehren – Abschreiben? Na klar! Klasse 1/2 – Illustrationen: Thilo Pustlauk (Schreibheft)

1. Spalte: Falte alle drei gestrichelten Linien. Lies ein Wort. Dann klappe diese 1. Spalte komplett nach hinten.	**2. Spalte:** Schreibe das gelesene Wort auswendig hier in die 2. Spalte neben das Wort der 1. Spalte. Dann klappe die 1. Spalte nach vorne. Vergleiche beide Wörter. Falsch? Verbessere. Richtig? Lies das nächste Wort, klappe die 1. Spalte komplett nach hinten und schreibe das gelesene Wort auswendig in diese Spalte. Usw.	**3. Spalte:** Erst wenn du alle Wörter der 1. Spalte richtig in die 2. Spalte geschrieben hast, liest du ein Wort der 2. Spalte, klappst die 1. und 2. Spalte komplett nach hinten und schreibst das gelesene Wort hier in die 3. Spalte. Vergleiche beide Wörter. Falsch? Verbessere. Richtig? Lies das nächste Wort, klappe die 1. und 2. Spalte komplett nach hinten und schreibe das gelesene Wort auswendig in diese Spalte. Usw.	**4. Spalte:** Erst wenn du alle Wörter der 2. Spalte richtig in die 3. Spalte geschrieben hast, liest du ein Wort der 3. Spalte, klappst die 1., 2. und 3. Spalte komplett nach hinten und schreibst das gelesene Wort hier in die 4. Spalte. Vergleiche beide Wörter. Falsch? Verbessere. Richtig? Lies das nächste Wort und klappe die 1., 2. und 3. Spalte komplett nach hinten und schreibe das gelesene Wort auswendig in diese Spalte. Usw.
wohnen			
wollen			
das Wort			
wünschen			
die Zahl			
zählen			
der Zahn			
der Zauberer			
die Zehe			
zehn			
zeigen			
die Zeit			
das Zimmer			
der Zucker			
zwei			
die Zwiebel			
zwölf			

B. Wehren – Abschreiben? Na klar! Klasse 1/2 – Illustrationen: Thilo Pustlauk (Schreibheft)

Grundwortschatz-Abschreib-Training von A–Z (12)

1. Spalte: Falte alle drei gestrichelten Linien. Lies ein Wort. Dann klappe diese 1. Spalte komplett nach hinten.	**2. Spalte:** Schreibe das gelesene Wort auswendig hier in die 2. Spalte neben das Wort der 1. Spalte. Dann klappe die 1. Spalte nach vorne. Vergleiche beide Wörter. Falsch? Verbessere. Richtig? Lies das nächste Wort, klappe die 1. Spalte komplett nach hinten und schreibe das gelesene Wort auswendig in diese Spalte. Usw.	**3. Spalte:** Erst wenn du alle Wörter der 1. Spalte richtig in die 2. Spalte geschrieben hast, liest du ein Wort der 2. Spalte, klappst die 1. und 2. Spalte komplett nach hinten und schreibst das gelesene Wort hier in die 3. Spalte. Vergleiche beide Wörter. Falsch? Verbessere. Richtig? Lies das nächste Wort, klappe die 1. und 2. Spalte komplett nach hinten und schreibe das gelesene Wort auswendig in diese Spalte. Usw.	**4. Spalte:** Erst wenn du alle Wörter der 2. Spalte richtig in die 3. Spalte geschrieben hast, liest du ein Wort der 3. Spalte, klappst die 1., 2. und 3. Spalte komplett nach hinten und schreibst das gelesene Wort hier in die 4. Spalte. Vergleiche beide Wörter. Falsch? Verbessere. Richtig? Lies das nächste Wort und klappe die 1., 2. und 3. Spalte komplett nach hinten und schreibe das gelesene Wort auswendig in diese Spalte. Usw.
das Auge			
das Auto			
der Bauch			
der Traum			
die Eier			
das Eis			
eilen			
das Bein			
das Schwein			
die Eule			
die Beule			
das Heu			
heulen			
spielen			
der Sport			
der Stein			
der Stern			
die Äpfel			
das Öl			
das Ü-Ei			

B. Wehren – Abschreiben? Na klar! Klasse 1/2 – Illustrationen: Thilo Pustlauk (Schreibheft)

(Hinweis: Bei Bedarf auf DIN A3 vergrößert kopieren.)

1. Schreibe weitere passende Wörter in die Spalten.

2. Zerschneide die Tabelle entlang der senkrechten Linien und lege sie so nebeneinander:

Begleiter Artikel	Wiewort Adjektiv	Namenwort Nomen	Tunwort Verb

3. Verschiebe die sechs Wortstreifen nach oben und unten, bilde so (Quatsch-)Aussagesätze.

4. Lies von links nach rechts. Erzähle die Sätze und schreibe sie auf. Achte auf die Groß- und Kleinschreibung, die Satzzeichen und darauf, dass sich manche Wörter und Sätze beim Erzählen und Schreiben etwas verändern oder erweitern müssen.

5. Um (Quatsch-)Frage- und Ausrufesätze zu bilden, musst du den „Tunwort/Verb-Wortstreifen“ nach links außen legen und die restlichen Wortstreifen passend rechts daneben ordnen.

Begleiter Artikel	Wiewort Adjektiv	Namenwort Nomen	Tunwort Verb
der	hübsch	Junge	gehen
die	hässlich	Mädchen	warten
das	arm	König	befehlen
ein	reich	Königin	arbeiten
eine	böse	Teufel	zaubern
einen	gut	Hexe	fliegen

B. Wehren – Abschreiben? Na klar! Klasse 1/2 – Illustrationen: Thilo Pustlauk (Schreibheft)

Satzbau-Legematerial (2)

(Hinweis: Bei Bedarf auf DIN A3 vergrößert kopieren.)

1. Schreibe passende Wörter in die Spalten.

2. Zerschneide die Tabelle entlang der senkrechten Linien und lege sie so nebeneinander:

Begleiter Artikel	**Wiewort Adjektiv**	**Namenwort Nomen**	**Tunwort Verb**

3. Verschiebe die sechs Wortstreifen nach oben und unten, bilde so (Quatsch-)Aussagesätze.

4. Lies von links nach rechts. Erzähle die Sätze und schreibe sie auf. Achte auf die Groß- und Kleinschreibung, die Satzzeichen und darauf, dass sich manche Wörter und Sätze beim Erzählen und Schreiben etwas verändern oder erweitern müssen.

5. Um (Quatsch-)Frage- und Ausrufesätze zu bilden, musst du den „Tunwort/Verb-Wortstreifen“ nach links außen legen und die restlichen Wortstreifen passend rechts daneben ordnen.

Begleiter Artikel	**Wiewort Adjektiv**	**Namenwort Nomen**	**Tunwort Verb**
der	klein	Hund	bellen
die	groß	Katze	schnurren
das	dick	Maus	knabbern
ein	dünn	Elefant	tröten
eine	lang	Löwe	brüllen
einen	kurz	Wal	tauchen

B. Wehren – Abschreiben? Na klar! Klasse 1/2 – Illustrationen: Thilo Pustlauk (Schreibheft)

Urkunde

für

____

Du kannst Buchstaben,
Silben, Wörter, Satzteile, Sätze
und Texte leserlich
und richtig abschreiben.
Du kannst die Abschreibtechniken
richtig benutzen.

Toll! Weiter so!

____

Datum, Unterschrift